DELIUS KLASING

Heinz-Jürgen Hüffer

Skipper sind die wahren Helden

Überlebensbericht eines Anfängers

Delius Klasing Verlag

All denen, die meine Bemühungen um dieses Buch mit Geduld und eisernen Nerven begleitet haben, gebührt mein Dank.
Besonders möchte ich meiner Co-Skipperin und Ehefrau danken, die sich bis kurz vor Versand des Manuskriptes nicht entscheiden konnte, ob sie unter ihrem Vornamen oder einem Pseudonym in diesem Buch genannt sein wollte.

Bibliografische Information Der Deutschen Bibliothek
Die Deutsche Bibliothek verzeichnet diese Publikation in der Deutschen Nationalbibliografie; detaillierte bibliografische Daten sind im Internet über »http://dnb.ddb.de« abrufbar.

1. Auflage
ISBN 3-7688-1686-9
ISBN 978-3-7688-1686-1

Schutzumschlaggestaltung: Ekkehard Schonart
Illustrationen (einschl. Titelmotiv): Friedrich Vogel
Druck: GGP Media GmbH, Pößneck
Printed in Germany 2005

Delius Klasing Verlag, Siekerwall 21, D-33602 Bielefeld
Tel.: 0521/559-0, Fax: 0521/559-115
e-mail: info@delius-klasing.de
www.delius-klasing.de

Inhalt

Der Rückflug

Der Lärm in der Abflughalle des griechischen Inselflughafens von Kos dringt kaum noch zu mir durch. Hunderte, wenn nicht tausende Touristen aus ganz Europa warten auf ihren Rückflug in die Heimat, trotzdem ist es mir zeitweise gelungen, mich in eine Art wohligen Halbschlaf zu versetzen.

Die Fenster der großen klimatisierten Halle lassen einen Ausblick auf das chaotische Treiben auf dem Flugfeld zu, im 10-Minuten-Takt heben Flugzeuge ab und andere landen, trotzdem habe ich den Eindruck, dass es in der Halle kein bisschen leerer wird. Unaufhörlich spucken die Transferbusse vor dem Flughafen neue Abreisende aus. Schreiende Kinder, hysterische Eltern, verlorene Koffer, geplatzte Reisetaschen und unverständliche Lautsprecherdurchsagen in drei Sprachen, alle und alles scheinen daran zu arbeiten, meine mühevoll erworbene Erholung noch vor dem Start zunichte zu machen.

Meine Frau Andrea kommt von einem der Telefone zurück, stößt mich an, und ich muss meinen angenehmen Dämmerzustand aufgeben. »Ich habe meine Schwester noch erreicht und ihr gesagt, sie soll zu Hause bleiben. Unser Abflug hat sich ja schon um zwei Stunden verspätet, vielleicht dürfen wir in Düsseldorf nicht mal mehr landen – Nachtlandeverbot.« Sie sinkt genervt auf den Plastiksitz neben mir.

»Ausweichflughafen ist dann wohl Köln oder etwa Münster-Osnabrück? Da muss sich die Airline aber etwas einfallen lassen, mit einer Bockwurst im Brötchen wie bei der Verzögerung des Hinflugs kommen die mir nicht weg«, brumme ich, während ich die Taschen meiner Weste nach der Zigarettenschachtel durchsuche. Ich habe mir abgewöhnt, mich über Dinge aufzuregen, die ich im Moment sowieso nicht beeinflussen kann. Ärgerlich bleibt die Sache trotzdem.

Mein Gott, waren die letzten Tage ruhig und beschaulich, trotz des Urlaubs zur Hochsaison. Zehn Tage lang sind wir in einer Reisegruppe auf einem bequemen kleinen Motorschiff durch die Ägäis von Insel zu Insel geschippert. Gut, Mrs. Malloy und Gatte, beide aus Australien, haben zwei Dritteln der Gruppe eine unruhige Nacht auf den diversen Bordtoiletten beschert. Ich bin trotzdem der Meinung, dass die Verteilung der frischen Feigen vom Markt auf Rhodos an alle Mitreisenden eine nette und freundliche Geste war, wir hätten die Dinger nur nicht essen dürfen. Und Karla, unsere windsurfbegeisterte Schweizer Seniorin mussten wir beim Badestopp vor Nissiros mit dem Beiboot wieder an Bord holen. Sie hatte die Windverhältnisse unter- und ihre Kräfte überschätzt. Steven aus Kentucky, USA, musste eine Nacht an Deck verbringen, weil seine Frau Chris ihm den Zutritt zur Kabine verwehrte. Ein Sturz mit dem Motorroller auf Santorin war der Auslöser, denn Steve hatte sich zunächst um seine Armbanduhr und seine Sonnenbrille gesorgt und sich erst dann um das Wohlergehen seiner Angetrauten gekümmert. Und dann noch Yvette, Französin, mit drei Fotoapparaten und immer neuen und absurderen Fragen an Georg, unseren deutschen Reiseleiter. Als sie sich am letzten Tag als Fotoreporterin einer französischen Illustrierten zu erkennen gab, fühlte er sich so ausgenutzt, dass er sang- und klanglos von der Bildfläche verschwand. Als er uns später bei der Ausschiffung verabschiedete, hatte er eine schwere Zunge, einen glasigen Blick und eine ordentliche Ouzo-Fahne.

Aber sonst: Kein Geschrei, keine Hektik, nur Ruhe, Sonne, Meer, neue Eindrücke, Entspannung und Erholung und viel zu gute Verpflegung bei viel zu wenig Bewegung, eben alles, was Andrea und ich von einem schönen Urlaub erwarten.

Eine Sirene schrillt los! Feueralarm, Bombendrohung? Ich schrecke aus meinen Gedanken hoch. Eines der vielen, offensichtlich unkontrolliert durch die Abflughalle tobenden Kinder ist gestolpert und gegen einen der Standaschenbecher in unserer Nähe gefallen, und jetzt schreit es sein Leid in die Welt hinaus. Die herbeistürzende Mutter fällt in das Klagelied der Tochter ein, das nervtötende Gezeter und Gejammer steigert sich, unterstützt durch das offensichtlich südländische Temperament der beiden, zu ungeahnten Ausmaßen. Ich will hier weg. Aber wohin? Es ist überall gleich überfüllt.

»Zum dritten Mal«, Andrea verdreht die Augen, »können die Schweizer nicht endlich an Bord gehen? Wenn der Flieger nach Zürich fort ist, können wir endlich los. Wir haben ja erst gut zwei Stunden Verspätung.«

Die kaum verständliche Durchsage wird ein viertes Mal wiederholt auf Griechisch, Englisch und Deutsch, der Ton lässt deutlich erkennen, wie angesäuert die Sprecherin inzwischen ist. Nichts regt sich, niemand springt auf und rennt mit hochrotem Kopf, seine Familie vor sich hertreibend, Richtung Ausgang 4. Mir fällt eine Gruppe von drei Männern auf, die fröhlich lachend Sandwichs und Bier vertilgen. Eine neue Durchsage – diesmal von einer verärgert klingenden Männerstimme und nur auf Deutsch mit Schweizer Akzent. Die Dreiergruppe stutzt kurz, hebt die Köpfe für einen Moment und setzt dann ihr Flughafenpicknick munter fort.

Mir reicht es jetzt, nach ein paar Schritten bin ich bei den dreien: »Entschuldigung, Sie warten nicht zufällig auf den Flieger nach Zürich?«

»Ja, aber sicher«, lautet die erschütternde Antwort.

»Sie wurden schon mehrfach ausgerufen. Würden Sie sich zum Ausgang 4 begeben, damit andere Reisende auch nach Hause kommen?«

Die Gruppe packt in aller Ruhe zusammen und schlurft Richtung Ausgang. Erst als bei der letzten Durchsage damit gedroht wird, ohne sie zu starten, beschleunigen sie ihr Tempo. Ich merke förmlich, wie mein Blutdruck steigt.

Natürlich, gerade habe ich mir unter den missbilligenden Blicken meiner Frau eine Zigarette angezündet, da wird unser Flug aufgerufen. Endlich in der Maschine, stellen wir fest, dass wir zwar wie gewünscht nebeneinander sitzen, jedoch durch einen Gang getrennt werden. Wenig begeistert richten wir uns in der Enge des Flugzeuges ein.

Eine Maschine dieser Größe hatten wir bisher bei noch keiner unserer Urlaubsreisen, an jeder Seite sind drei Sitze und in der Mitte sind noch mal vier Sitze montiert. Eine Sitzreihe bietet also Platz für zehn Personen. Nein, »bietet Platz« kann man nun wirklich nicht sagen. Vielleicht kann ich meine Beine während des Fluges ja nach links in den Gang strecken, ohne die Flugbegleiter zu Fall zu bringen.

Ein schnaufendes, männliches, ungepflegtes Etwas um die fünfundfünfzig Jahre, bekleidet mit Sonnenbrille, Trägerhemd, Badeshorts und Duschschlappen, bewaffnet mit einem auflagenstarken deutschen Massenblatt, steuert auf den Platz rechts neben mir zu. Mir schwant nichts Gutes, und die Hoffnung, diese schlimmste Karikatur eines Pauschaltouristen hätte sich in der Reihe geirrt, trügt leider. Im Gefolge meines neuen Sitznachbarn befindet sich ein kugelförmiges weibliches Wesen, welches zwei Handgepäckstücke schleppt, die mich jedes für sich von der Größe her an meinen übungsfertig gepackten Bundeswehrseesack erin-

nern. Nachdem die beiden es irgendwie geschafft haben, ihr Gepäck zu verstauen, lassen sie sich in die Sitze fallen, dass ich um die Stabilität der ächzenden Reihe fürchte.

Endlich schafft es mein Nachbar, die technische Herausforderung des Gurtanlegens im fünften Versuch mithilfe seiner Begleiterin zu bewältigen, da zeigt er schon ein sofort zu befriedigendes Informationsbedürfnis. Er entfaltet seine Zeitung zu voller Größe, und mit weit zur Seite ausgestreckten Armen vertieft er sich in die Sportnachrichten; dass er mir dabei mit seinen

Händen vor der Nase herumfuchtelt, stört ihn nicht. Mir bleibt nur festzustellen, dass mein Sitznachbar bei seinen letzten Mahlzeiten wohl ausschließlich die knoblauchhaltigsten griechischen Spezialitäten zu sich genommen oder seit mindestens achtundvierzig Stunden keine Dusche mehr gesehen hat.

Andrea hat das Geschehen beobachtet und wirft mir bedauernde Blicke zu. Der Start ist freigegeben, wie gewohnt versuche ich während des Rollens Andreas Hand zu halten, was durch eine nochmals schnell die Gurte kontrollierende Stewardess unterbunden wird. Wir geben auf und stehen die nächsten Minuten jeder für sich durch. Andrea hat dabei den einfacheren Teil erwischt.

Kurz nach dem Abheben, noch im Steigflug, bekommt mein Nachbar einen Schluckauf. Zu seinem ohnehin schon unangenehmen Aroma gesellt sich eine Duftmischung aus Magensäure, Bier und Ouzo. Obwohl er jetzt wenigstens die Arme anwinkelt, stelle ich fest, dass mein normalerweise friedfertiges Gemüt begonnen hat, Mordpläne zu entwerfen. Da aber keiner dieser Pläne ohne negative Konsequenzen für mich durchführbar ist, bestelle ich mir einen Whisky und hoffe, mein Nebenmann möge sich mit seiner Zeitung zudecken und bis zur Landung ins Koma fallen.

Der Flug kommt mir endlos vor. Ich erlebe ein kurzes Schnarchkonzert, mehrere vergebliche Versuche, in der engen Sitzreihe eine Jeans über die Schwimmshorts zu ziehen, und überlebe den Kampf meines Nachbarn mit der Bordverpflegung zum Glück unverletzt. Dem seit unserem Start quengelnden 8-jährigen Mädchen zwei oder drei Reihen vor uns ist das Essen nicht bekommen. Ihr Versuch, ihren Mageninhalt in die dafür vorgesehenen Papiertüten der Fluggesellschaft umzufüllen, scheitert. Entweder war der Mageninhalt zu groß, die Tüte zu klein, oder sie kann noch nicht zielen. Jetzt heult und quengelt sie noch lauter, und ich rieche meinen Nachbarn kaum noch, was nicht heißen soll, dass die Luft im Flugzeug jetzt besser wäre. Ich hoffe nur inständig, dass weitere übelkeitsbedingte Solidaritätskundgebungen anderer Mitreisender unterbleiben.

Nach der sehr späten Landung in Düsseldorf können wir Bochum nur noch mit dem Taxi erreichen, doch schon auf dem Weg zum Wagen ist Andrea und mir eines klar: Wir müssen eine andere Art Urlaub für uns finden, weg vom Massentourismus!

Angebote! Angebote?

Eine gute Frage, doch wo finden wir die für uns richtige Antwort? Schon in den letzten Jahren haben wir versucht unseren Jahresurlaub abseits der großen Touristenströme zu verbringen, und in den meisten Fällen ist uns dies auch gelungen. Da wir aber aus beruflichen Gründen gezwungen sind, unseren Sommerurlaub während der Sommerferien zu verbringen, obwohl wir weder Lehrer sind noch schulpflichtige Kinder haben, geraten wir, zumindest was die An- und Abreise betrifft, immer wieder in das Chaos der Hauptreisezeit. Nach der Definition eines Bekannten handelt es sich bei in der Hauptsaison flugreisenden Urlaubern um »sich selbst verladendes Stückgut«, eine harte, aber nicht zu leugnende Einschätzung der Situation.

Doch zurück zur Frage. Meine Frau und ich sind über vierzig Jahre alt, treiben in unserer Freizeit Sport, wenn auch manchmal etwas halbherzig, und sind ansonsten doch schon ein bisschen verwöhnt und bequem geworden. Außerdem macht sich schon mal das eine oder andere Wehwehchen bemerkbar. Die Bandscheiben zwicken, der Blutdruck ist erhöht, die Gelenke quietschen, und ohne Lesebrille läuft auch nicht mehr viel. Also scheidet die Rucksackwanderung zu den Geysiren Islands mit Übernachtung im Igluzelt und Astronautenkost genauso aus wie die Wanderung auf Madeira mit komfortabler Gemeinschaftsunterbringung im 10-Personen-Hüttenschlafsaal. Von der Saharadurchquerung zu Fuß in mehreren Etappen unter sachkundiger Führung ortsansässiger, französisch und englisch sprechender Tuareg nehmen wir ebenfalls Abstand. Die zweiwöchige Busrundreise zu den historischen Stätten der klassischen Antike in Griechenland würde uns schon mehr interessieren, doch jede Nacht in einer anderen Unterkunft, morgens Koffer einpacken, abends wieder auspacken, ist doch etwas abschreckend. Das gleiche Angebot als Mietwagenrundreise lockt uns auch nicht, denn wir kennen den Zustand griechischer Straßen, besonders in den Bergregionen, und die teilweise selbstmörderische Fahrweise der Einheimischen. Die Privatpension mit Familienanschluss in der Lüneburger Heide oder der Urlaub auf dem Bauernhof mit der Möglichkeit, aktiv am Land- und Dorfleben teilzunehmen, erscheinen uns nicht ganz auf unsere Wünsche abgestimmt. Ich könnte mir schon vorstellen, mit dem Pastor, dem Doktor, dem Dorfapotheker, dem Lehrer und dem Bürgermeister am Honoratiorenstammtisch ein oder zwei Bier zu trinken, aber bitte nicht zwei Wochen lang. Und meine Ehefrau beim Kaffeekränzchen der Landfrauenvereinigung, nee, lieber nicht.

Auch die in kleinen Etappen geführte Wanderung auf den Spuren des Geheimrates Johann Wolfgang von Goethe durch den Harz schließen wir für die nächsten zehn bis fünfzehn Jahre noch aus. Fazit: So ganz einfach ist es mit uns auch nicht immer.

Jedoch eine Karibik- oder Mittelmeerkreuzfahrt, Sonne und Wasser, das eigene Hotelzimmer in Form der Kabine immer dabei: nicht schlecht. Wir lieben Schiffsreisen. Ja, wir sind gern auf dem Wasser unterwegs und halten uns bei einer überschaubaren Zahl von Mitreisenden für durchaus kommunikativ und kontaktfreudig. Seekrankheit ist für uns ein Fremdwort. »Nähere Informationen entnehmen Sie bitte dem Preisteil zu diesem Katalog« steht klein gedruckt am unteren Seitenrand.

Nach intensivem Studium der Anleitung, wie der Preisteil zu lesen ist, um in der richtigen Kategorie und Reisezeit den korrekten Reisepreis zu ermitteln, komme ich zur ausführlichen Reisebeschreibung. Es handelt sich um einen mit über vierhundert Kabinen ausgestatteten Luxusliner, soviel zu der überschaubaren Zahl der Mitreisenden. Allein die Unterscheidung der Kabinenarten nimmt fast eine halbe Katalogseite in Anspruch: klimatisierte Innenkabine mit Dusche und WC für vier Personen, klimatisierte Innenkabine mit Dusche und WC für zwei Personen, klimatisierte Außenkabine mit Dusche und WC für vier Personen, klimatisierte Außenkabine mit Dusche und WC für zwei Personen, ähnliche Varianten gibt es noch für das erste und zweite Oberdeck.

Vom Preisgefüge kommt für uns eine klimatisierte Außenkabine mit Dusche und WC für zwei Personen auf dem dritten Unterdeck in Betracht, die Nähe zum Maschinenraum und zur Großküche lassen mich jedoch ein paar Bedenken hegen. Innenkabinen ohne Fenster lehne ich ab, sie erinnern mich doch zu sehr an möblierte Konservendosen. Ansonsten sind die Reisepreise selbst für uns Doppelverdiener des so genannten Mittelstandes recht hoch, wenn auch noch eben erschwinglich. Man gönnt sich ja sonst nichts. An Bord ist alles »all inclusive«, wie es so schön heißt. Die Atmosphäre an Bord ist zwanglos, zum Kapitänsdinner wird jedoch um Erscheinen in Abendgarderobe gebeten. Landausflüge kosten extra. Aber dafür liest sich das Verpflegungsangebot dieses schwimmenden Wolkenkratzers wie ein Generalangriff auf jede Normalfigur. Es ist ernsthaft zu überlegen, ob die Abendgarderobe eines Kreuzfahrers zum Kapitänsdinner am vorletzten Bordtag nicht ein bis zwei Konfektionsgrößen mehr haben muss als die bei der Einschiffung. Geboten werden: Frühaufsteher-Büfett, Frühstück, Langschläfer-Frühstück, Mittagessen, Nachmittagskaffee, Abendessen vom kalten und warmen Büfett und ein Mitternachtsimbiss. Für den kleinen Hunger zwischendurch stehen noch mehrere, vierundzwanzig Stunden geöffnete Snack-Bars auf den unterschiedlichen Decks zur Verfügung.

Kleiner Hunger zwischendurch, wo soll der herkommen? Muss das Schiff von den Reisenden gerudert werden? Handelt es sich vielleicht um eine versteckte Form des Abenteuer- und/oder Aktivurlaubes mit unangekündigten Überraschungen? Unsere anfängliche Begeisterung bekommt Risse. Dann entdecke ich noch den Hinweis auf die kleine Ladenstraße auf Deck 1 mit Angeboten im Bereich exklusiver Bekleidung für Damen und Herren und ausgewählten Schmuckes. Warum fallen mir sofort das Kapitänsdinner und die Abendgarderobe ein? Andrea und ich sind uns einig: Auch dieses »verlockende« Angebot werden wir nicht nutzen. Aber was haben wir bis jetzt? Nicht viel!

Thekengespräche

Die Sommerferien und damit die Hauptreisezeit sind zu Ende, es ist also Zeit, sich in der Eckkneipe mit anderen Ex-Urlaubern zu treffen und bei einem kühlen Pils die Erfahrungen der letzten Wochen auszutauschen. Wohl wissend, dass hier auch einige typische Pauschaltouristen an der Theke stehen, halten Andrea und ich uns mit den Erlebnissen auf unserem Rückflug etwas zurück und hören lieber erst einmal zu.

Da ist Heike, die Erzieherin, mit ihrem Freund Dieter, die beide einen tollen Cluburlaub mit Tauchkurs in Tunesien hinter sich haben. Sie tragen eine Hautfarbe zur Schau, die mich sehr an einen frisch gekochten Hummer erinnert, und loben die tolle Hotelanlage mit vier Pools und extra Kinderbereich mit eigenem Pool. Die Freundlichkeit und das sehr zuvorkommende, einfühlsame Verhalten des Tauchlehrers werden mehr von der weiblichen als von der männlichen Seite des Paares hervorgehoben, und während Heikes Schwärmereien bestellt Dieter sich lieber einen doppelten Weizenkorn, den er mit bitterer Miene auf ex hinunterstürzt. Ich glaube, Cluburlaub mit Tauchkurs mag er nicht, da sind wir schon zwei.

Cluburlaub erweist sich jedoch als ergiebiges Thema, denn auch Renate und Karl, Elternpaar zweier schulpflichtiger Kinder, eines 7-jährigen Jungen und eines 9-jährigen Mädchens, loben ihren Club auf Malta, ebenfalls eine tolle Anlage mit »all inclusive« – und besonders die Kinderanimation …

»Tagsüber haben wir nur zu den Mahlzeiten bemerkt, dass die Kinder dabei waren. Ein richtiger Jungbrunnen für die Ehe, kann ich nur empfehlen«, kichert Renate in Richtung Wirtin.

»Wenn ich außer Acht lasse, dass unser Herr Sohn sich beim Bogenschießen vier Tage vor der Abreise in den Fuß geschossen hat und deine Tochter am Abflugtag versucht hat auszureißen und heulend ins Flugzeug getragen werden musste, dann hast du Recht, mein Schatz«, ergänzt Karl.

»Ach ja«, kommt es kleinlaut zurück, »die Kati hatte sich doch in den Gino, den Kinderanimateur, verliebt. Du weißt doch auch, die erste Liebe ist immer die schmerzhafteste.«

Malta? Malta kenne ich noch nicht, also versuche ich ein paar Informationen über Land und Leute zu erhaschen. Doch zu meiner Überraschung erfahre ich, dass die Familie ihr Hotel zwei Wochen lang überhaupt nicht verlassen hat.

»Die Anlage war ja so toll, und wir haben extra alles inklusive gebucht, auch wegen der deutschsprachigen Leitung und der deutschsprachigen Servicekräfte. Zum nächsten Ort waren es mindestens sechs Kilometer auf der Landstraße, und wie hätten wir uns überhaupt verständigen sollen, nein, das bisschen Englisch aus der Schule haben wir nicht mehr so parat. Wenn die Kinder in der Schule mit den Fremdsprachen anfangen, dann sind wir noch früh genug wieder gefordert«, erklärt mir Karl die Situation.

Die Wirtsleute waren mit einem befreundeten Ehepaar in Norwegen. In einem Nebenfjord hatten sie ein Blockhaus mit Räucherofen und einem kleinen Fischerboot mit Außenbordmotor gemietet. Die Herren der Schöpfung versorgten deshalb die ganze Urlaubsgesellschaft mit frisch gefangenem Fisch, den die Damen des Blockhauses dann gebraten, gegrillt, gekocht oder gedünstet zubereiten durften. Was nicht sofort verzehrt werden konnte, wanderte in den Rauch oder in die Tiefkühltruhe.

Ich kann mich des Eindrucks nicht erwehren, dass sich die Begeisterung unserer Wirtin bezüglich des Urlaubsvergnügens in Grenzen hält. Die Amateurfischer strahlen jedoch über das ganze Gesicht, während sie ihre Angelabenteuer zum Besten geben.

Blockhaus – Wasser – Boot, das hört sich für mich zwar nicht schlecht an, andererseits bin ich mit Sicherheit kein Angler, außerdem trau' ich dem Wetter in Norwegen nicht.

Zwischen all den Gesprächen über Badeurlaub, Cluburlaub, Tauchurlaub, Wanderurlaub und Wellnessurlaub dringen noch vom Tisch hinter mir ein paar Wortfetzen bezüglich Bootsurlaub in Irland und Frankreich oder in den Niederlanden, Deutschland sowie Großbritannien an mein Ohr. Einer der Gäste schwärmt sogar von einem Segeltörn im Mittelmeer. Alle in dieser Kneipe hatten also einen prima Urlaub, das Wetter war gut, das Essen noch besser und der Service okay, keiner hat etwas zu bemängeln oder bei der Wahl seines Urlaubszieles einen Fehlgriff getan, alle scheinen glücklich und erfolgreich, wie schön! Ich frage mich, wo die ganzen Kleinigkeitskrämer, Erbsenzähler und Pedanten in den Ferien waren, die sich von der quietschenden Aufzugtür im Hotel bis zur Qualität des Toilettenpapiers über alles aufregen. Entweder machen solche Leute nur immer mit Andrea und mir Urlaub, oder sie sitzen nach der Heimkehr nicht in gemütlichen Eckkneipen, um von ihren tollen Erlebnissen zu erzählen. Noch gemeiner ist ja der Gedanke, dass diese Leute nichts von ihrem mehr oder weniger berechtigten Ärger berichten, weil sie sich nicht blamieren wollen oder ihren Mitmenschen auch einen Urlaub im selben Chaoshotel, auf der Großbaustelle oder in Gesellschaft von vielbeinigen Krabbeltieren gönnen.

Eine Idee setzt sich durch

Die Gespräche über die Bootsurlaube in Irland und Frankreich oder in den Niederlanden, Deutschland sowie Großbritannien lassen mich nicht los, denn die Idee zu einem Bootsurlaub hatte ich vor Jahren selbst schon mal, habe sie dann aber wegen meiner damaligen wasserscheuen und nicht sehr seefesten ersten Gattin nicht weiter verfolgen können.

Andrea (meine zweite, seefest und unternehmungslustig) und ich sind gern auf dem Wasser unterwegs. Wir brauchen den Luxus einer komfortablen Hotelanlage nicht, ganz zu schweigen von Animation, sondern haben unser Urlaubsprogramm immer noch sehr gut selbst in den Griff bekommen, manchmal allerdings sehr zum Leidwesen der örtlichen Reiseleitung. Sie konnte an uns nicht viel verdienen, da wir die oft überteuerten Ausflüge in Eigenregie mit öffentlichen Verkehrsmitteln wesentlich preisgünstiger absolvierten. Nachdem wir uns also gegenseitig ausführlich die Vorzüge eines Bootsurlaubes bestätigt haben, beschließen wir, uns in diese Richtung zu informieren.

Prospekte werden besorgt, Reviere begutachtet, und schon stellen sich Fragen ein.

Sollen wir es wirklich riskieren, ohne jede Vorkenntnis ein Boot zu chartern? Die schönsten Reiseziele sind oftmals nur auf Wasserwegen zu erreichen, auf denen sich Tag und Nacht rege Berufsschifffahrt tummelt. Außerdem gehe ich davon aus, dass die

Schilder mit dem durchgestrichenen Anker, die wir von Spaziergängen an Kanälen und vom Rheinufer her kennen, nicht der Landschaftsverschönerung dienen. Welche Vorfahrtsregeln gibt es auf dem Wasser? Gibt es so was wie Ampeln? Jedenfalls gibt es Fragen über Fragen. Ich beschließe mich zu erkundigen, wo wir einen Bootsführerschein herbekommen, und schon tun sich die nächsten Probleme auf. Wollen wir segeln oder Motorboot fahren? Wollen wir auf Binnengewässern bleiben oder auch auf die See hinaus?

In den nächsten Tagen verbringe ich viel Zeit in verschiedenen Buchhandlungen. Die »Hobby-Ecke« wird vorübergehend zu meinem zweiten Wohnsitz, denn das Literaturangebot ist erdrückend. Neben Lehrbüchern über die verschiedenen Bootsführerscheine häuft sich Fachliteratur zu nautischen Spezialbereichen und Rechtsvorschriften. Reisebeschreibungen und unterhaltsame wie humorige Literatur zum Thema »Boote und Wassersport« füllen Meter um Meter in den Regalen. Für den Anfang entscheide ich mich für das Sachbuch ›Praxis des Motorbootfahrens‹, aber etwas Unterhaltung muss auch sein, also kaufe ich mir noch ›Barawitzka, Lauter Kapitäne – keine Matrosen‹ von Karl Vettermann, und nach der trockenen, aber sehr informativen Lektüre des Sachbuches erweist sich der ›Barawitzka‹ als entspannender, leicht lesbarer Glücksgriff.

Nach längerem Suchen, einigen Telefonaten und Preisvergleichen stoße ich dann auf ein günstiges Angebot der Segelinitiative an unserer hiesigen Universität. Ein Telefonat, ein unbürokratischer Austausch der Adresse gegen den ersten Kurstermin Mitte Oktober, und wir werden jeweils dienstagsabends von 20:00 bis 21:45 Uhr beschäftigt sein.

Damit ist der erste Schritt getan, aber schon brechen heimtückische Selbstzweifel auf, die Angst vor der eigenen Courage überfällt uns. Können Andrea und ich überhaupt noch die Schulbank drücken? Werden wir dort etwa nur auf Studenten der Uni treffen, sodass wir den Seniorenpart spielen müssen? Wie schwierig wird die Prüfung sein? Doch bis Oktober sind es noch knapp zwei Monate, und bis dahin kann ich noch viel lesen.

Auf direktem Kurs zur Prüfung

Der Informationsabend über den Erwerb von Bootsführerscheinen ist vorbei. Überfüttert mit all den Neuigkeiten sitzen wir in unserer Stammkneipe und warten auf ein schönes Pils, vor uns auf dem Tisch liegen die Stundenpläne und Anmeldeformulare für die verschiedensten Wassersportführerscheine. Nach intensivem Studium der Unterlagen erstellen Andrea und ich eine Liste, welche amtlich geforderten Scheine wir brauchen und welche wir zusätzlich erwerben könnten.

Um überhaupt mit einem über 3,68 kW (5 PS) starken Motorboot aufs Wasser zu dürfen, entschließen wir uns für den Sportbootführerschein See und den Sportbootführerschein Binnen für Motorboote. Unsere Gedanken an Segelscheine stellen wir hintan, da diese Scheine gesetzlich nicht zwingend vorgeschrieben sind und wir noch nicht wissen, ob wir überhaupt segeln wollen. Ich entschließe mich, parallel zu den zwei Führerscheinen auch noch den Seenotsignalmittel-Sachkundenachweis zu erwerben. Der Sportbootführerschein See berechtigt zum Führen eines Motorbootes ausschließlich im Seebereich, er schließt Binnengewässer nicht ein. Der Sportbootführerschein Binnen berechtigt zum Führen eines Motorbootes ausschließlich auf Binnengewässern, er schließt Seebereiche nicht ein. Der Seenotsignalmittel-Sachkundenachweis (Pyro) berechtigt zum Erwerb bestimmter Seenotsignalmittel und ist Voraussetzung für die Beantragung einer Waffenerwerbsberechtigung für Signalpistolen. Jedes dieser drei Prüfungsziele verlangt nach einer praktischen und theoretischen Prüfung – worauf lasse ich mich hier nur ein? Schon das Lesen des Stundenplanes macht mir klar, dass ich nicht nur jede Menge neues Wissen, sondern auch eine neue Sprache zu lernen habe. Begriffe wie Duckdalben, Betonnungssystem, Positionslichter nach den Bestimmungen des BSH, sprich Bundesamt für Seeschifffahrt und Hydrographie, rechtweisender Kurs, Tidenhub etc. wirken recht fremd und verwirrend. Wie manche Anbieter von Bootsführerscheinlehrgängen dieses Programm in einem »Intensivkurs inklusive Prüfung« an einem verlängerten Wochenende erfolgreich anbieten können, wird mir immer rätselhafter.

Unser Dozent, ein Segler aus Leidenschaft, in ausgelatschten Deckschuhen und ständig, auch jetzt trotz Herbst und Winter, ohne Socken, bemüht sich dann sehr engagiert, uns Landratten nautisches Wissen und seemännisches Verhalten beizubringen. Der Kurs ist mit fast fünfzig Teilnehmern für mich überraschend gut besucht, die Jüngsten scheinen gerade achtzehn Jahre alt zu sein, der Älteste hat den achtundsechzigsten Geburtstag schon hinter sich. Andrea und ich liegen in der Altersstruktur gut in der Mitte, die große Mehrheit der Teilnehmer ist jedoch zwischen zwanzig und fünfunddreißig Jahre alt.

Uns allen stehen erst einmal fünfzehn Abende bevor, an denen wir uns mit dem Lernstoff vertraut machen, nachgearbeitet und vertieft werden muss der Stoff dann noch in der ziemlich zusammengeschrumpften Freizeit. Im Februar werden dann die Prüfungen zum Sportbootführerschein See und zum Seenotsignalmittel-Sachkundenachweis stattfinden. Zwei Wochen später, im März, folgt die Prüfung zum Sportbootführerschein Binnen.

Sollten wir glücklicherweise auf Anhieb den SBF See schaffen, haben wir »nur« den theoretischen Teil zu bearbeiten, die praktische Fahrprüfung liegt dann schon hinter uns.

Also erfahren wir zuerst viele Neuigkeiten über die Kennzeichnung von Wasserstraßen auf See, über die Bedeutung seltsamer Voodoo-Zeichen, die an den Masten fahrender und stillliegender Schiffe baumeln. Besondere Aufmerksamkeit widmet unser Kursleiter, ein eingefleischter Segler, einem kegelförmigen Signalkörper, der auf dem Vorschiff zu setzen ist, wenn ein Segler zusätzlich zu den gesetzten Segeln seinen Motor in Betrieb hat. Diese Art der Fortbewegung außerhalb des Hafenbeckens erregt offensichtlich das größte Missfallen unseres Lehrers, da er das Signal in seiner weiteren Rede nur noch als Schandkegel bezeichnet. Segelschiffe haben gegenüber Motorbooten ein grundsätzliches Vorfahrtsrecht, so lange sie sich unter Segeln bewegen; läuft der Motor, gelten sie als Motorschiff – Segel oder nicht – , und die eingebaute Vorfahrt ist futsch. Könnte hier die Ursache liegen, warum gerade dieses Zeichen so gerne von den segelnden Kameraden vergessen wird? Glauben Segler vielleicht, Motorbootskipper erkennen nicht, woher der Wind weht, wenn eine stolze Segelyacht mit flatternden, sprich killenden Segeln und blubberndem Kühlwasserausstoß genau gegen den Wind fährt und sich auch noch Vorfahrtsrechte herausnimmt?

In weiteren Seminareinheiten begegnen uns Schallsignale bei klarer Sicht ebenso wie bei Nacht und Nebel, trockene Richtlinien der Seeschifffahrtsstraßen-Ordnung, der Schifffahrtsordnung Emsmündung und der Kollisionsverhütungsregeln sowie das »Manöver des letzten Augenblicks«, vergleichbar mit der Vollbremsung beim Auto – doch Schiffe haben keine Bremse. Navigation nimmt einen breiten Raum im Kurs ein, denn ein Navigator sollte immer wissen, wo er beziehungsweise sein Schiff sich gerade befindet und auch, warum beide nicht da sind, wo er eigentlich hin wollte. Mittlerweile verbringen Andrea und ich immer mehr Zeit mit den Prüfungsvorbereitungen und diesen Navigationsübungen. Am nächsten Wochenende steht uns die erste Fahrstunde im ehemaligen Holzhafen von Duisburg bevor.

Wie im November nicht anders zu erwarten, ist dann am Samstag Schmuddelwetter angesagt. Feiner, alles durchdringender, kalter Nieselregen fällt aus einem grauen Himmel in das graue Wasser des Hafenbeckens. Gemeinsam mit vier weiteren Fahrschülern entern wir ein ungefähr sieben Meter langes Kajütboot, genauer gesagt, wir verkriechen uns unter der nassen Persenning, die über das Heck des Bootes gespannt ist, und hoffen, dass die Enge an Bord zur Wärmeentwicklung beiträgt. Zum Glück haben meine Frau und ich die unattraktive, aber warme Unterwäsche und die dicken Pullover zur Regenjacke gewählt und sind so zumindest den beiden modisch gekleideten jungen Frauen gegenüber im Vorteil, dafür sind unsere Bauchnabel aber auch nicht gepierct. Dies wird leider unser einziger Vorteil an diesem Tag sein, nur weiß ich jetzt das noch nicht.

Der Ausbilder erklärt uns das Boot und den Ablauf des Kurses. Wir sollen lernen, einen Kurs nach Kompass zu steuern, das Boot vor einem Hindernis aufzustoppen, sprich anzuhalten und ein Mann-über-Bord-Manöver zu fahren. Während ein Bordkamerad am Steuerruder steht, dürfen wir anderen mit kalten, steifen Fingern Seemannsknoten üben. Die Knoten gelingen mir bedeutend besser als der praktische Fahrtest.

Neugierig stehe ich im Steuerstand und schaue auf das graue Hafenbecken und den Kompass. Den Kompass kann ich gut erkennen, das Hafenbecken nur durch einen Wasserschleier auf der Scheibe. Die Scheibenwischer, zumindest jedoch die Wischerblätter, sind mit dem Regen genauso überfordert wie ich mit dem Mann-über-Bord-Manöver. Ich bewundere die Geduld des Ausbilders und meiner Mitfahrer, aber ein Motorboot reagiert eben vollkommen anders als ein PKW. Dies wird nicht die letzte Übungsfahrt für mich, und vor Verlassen des Bootes vereinbare ich einen weiteren Termin. Mein Ego ist verletzt, ich habe mich ungeschickter angestellt als die frierenden Schönheiten oder der dickbäuchige Frührentner. Der nächste Kurstag erlöst mich dann von meinen Selbstzweifeln: Die meisten Kursteilnehmer haben auf Urlaubsreisen schon mal ein Schiff gesteuert, unter Anleitung zwar, aber doch über mehrere Stunden an mehreren Tagen, Andrea und ich sind die einzigen echten Anfänger. Die nächste Fahrstunde wird zur Doppelstunde, und auch ich begreife im Ansatz die Feinheiten des Motorbootfahrens.

Der erste Prüfungstermin rückt näher. Wir wissen, es gibt für den theoretischen Teil 342 Prüfungsfragen und 20 verschiedene Navigationsaufgaben zum SBF See. In der Prüfung sind ein Fragebogen mit 30 Fragen und eine mehrteilige Navigationsaufgabe zu bearbeiten. Die Antworten sind nicht vorgegeben, sondern müssen selbst formuliert werden, die Lösung der Navigationsaufgabe ist zwingend, ohne Navigation kein Führerschein, egal wie gut der Rest ausfällt. In Grenzfällen können die Prüfer zusätzlich mündlich prüfen, um sich ein Bild über den Wissensstand des Prüflings zu machen. Für mich kommt noch die Prüfung für den Seenotsignalmittel-Sachkundenachweis hinzu, hier sind 12 Fragen aus einem Katalog von 48 zu beantworten.

»Wo ein Wille ist, ist auch ein Busch«, versucht mich meine Frau zu trösten.

Die BOOT – das Boot

Mitte Januar opfern Andrea und ich einen Tag Urlaub, um die BOOT in Düsseldorf zu besuchen. Ich habe mich nach einigen Überlegungen für den Dienstag entschieden, am Wochenende wird die Messe zu überlaufen sein, und am Montag ist das Standpersonal sicherlich noch vom Wochenende genervt. Die Eintrittskarten habe ich über meinen Automobilclub besorgt, hier ist die An- und Abfahrt mit öffentlichen Verkehrsmitteln im Eintrittspreis enthalten.

Also stehen Andrea und ich an einem kalten Januarmorgen auf einem zugigen Bahnsteig und warten auf den Regionalexpress nach Düsseldorf. Der Zug ist seltsamerweise pünktlich, jedoch brechend voll. Auffallend ist, dass viele der Mitreisenden mit leuchtend bunten Wetterjacken bekleidet sind, auch die Kopfbedeckungen – Elbsegler, Wollmützen und Prinz-Heinrich-Kappen – lassen auf das gemeinsame Fahrziel schließen. Untypisch für die Wassersportgemeinde erscheint mir dagegen die Ausrüstung meiner Mitfahrer mit Rucksäcken aller Erscheinungsformen. Vom Daypack über den Kletterrucksack bis zum riesigen Treckingteil ist alles vertreten. Für einen Moment überlege ich, ob wir vielleicht bei einer Freiwilligenkompanie der Gebirgsmarine gelandet sind.

Wie schon bemerkt, ist der Zug voll, ein Sitzplatz ist nicht zu finden, also suchen Andrea und ich uns ein Eckchen, in dem wir vor den dauernden Rempeleien der Rucksackträger geschützt sind. Die Tatsache, dass der Mensch mit einem Rucksack auf dem Rücken einen größeren Wendekreis hat als ohne, ist unseren Mitreisenden in den meisten Fällen offensichtlich unbekannt. Nach wiederholten Kontakten mit Anderthalb-Liter-Flaschen für Mineralwasser oder Limonade, Butterbrotdosen aus Metall oder Kunststoff und anderen harten und kantigen Rucksackinhalten stehen wir in Verteidigungshaltung mit dem Rücken zur Waggonwand und schützen unsere Frontpartie mit den Händen und unserer kleinen Umhängetasche. Am Hauptbahnhof in Düsseldorf reißt uns der Menschenstrom wie ein Wildbach mit und spült uns in einen U-Bahnhof. Die folgenden Minuten erinnern mich an einen Bericht über die Tokioter U-Bahn im Berufsverkehr, denn die Bahn zum Messegelände ist so überfüllt, dass eine Ölsardinendose dagegen wie ein geräumiges Großraumbüro wirkt. Doch Andrea und ich haben Glück, kurz vor unserer Nase hat das Personal des Verkehrsbetriebes ein Einsehen und verhindert, dass wir auch noch in den überfüllten Zug gepresst werden.

Nach fünf Minuten erscheint die nächste leere Messebahn, und da meine Frau und ich gefährlich weit vorn an der Bahnsteigkante stehen – ein Schritt zurück ist in der Fülle nicht möglich –, gehören wir zu den Ersten, die in den Waggon springen, und ergattern so einen Sitzplatz. Der Zug wird nach dem bekannten Packmuster gefüllt und rattert los.

Andrea hat einen Fensterplatz und kann, nachdem die Straßenbahn den U-Bahn-Tunnel verlassen hat, einen Blick auf Düsseldorfer Straßen werfen. Ich bemühe mich dagegen, einer Trollfigur auszuweichen, die am Reißverschluss eines Rucksacks hängend zirka fünfzehn Zentimeter vor meiner Nase im rüttelnden Takt der Straßenbahn hin- und herbaumelt.

Wir erreichen das Messegelände, in mir sind zwischenzeitlich erhebliche Zweifel daran gewachsen, ob dieser Messebesuch zu meinen guten Ideen gehört. Zu meiner Erleichterung verlaufen sich aber nun die Menschenmassen recht schnell. Nur an den Garderobenschaltern bilden sich Schlangen, die meisten Messegäste entledigen sich hier ihrer warmen Jacken und Mäntel, nicht aber ihrer Rucksäcke. Andrea und ich bleiben, wie wir sind, und stellen uns an einem der Drehkreuze am Eingang an. Nach wenigen Minuten sind wir im Ausstellungsbereich, zu unserem Glück kann man seine Jacke auch hier noch abgeben, die Hallen sind doch gut geheizt.

Wir folgen jetzt einem auf dem Fußboden markierten Rundweg und landen in der maritimen Kunstausstellung »Galeria BOOT-Düsseldorf«, also genau in dem Bereich, der mich überhaupt nicht interessiert. Vorbei an Ausstellungsständen mit den Ölbildern monumentaler Seeschlachten und alter Segelschiffe oder kitschigen Südseemotiven à la Segelyacht vor Sonnenuntergang hinter Atoll mit badender Schönheit suchen wir den Weg zur nächsten Halle. Wir landen beim Angelsport, auch nicht mein Ding, also wieder zurück. Wieder passieren wir die Kunsthalle, diesmal vorbei an maritimen Antiquitäten, Tauwerkskunst und Knotenbrettern, neuen und auf alt getrimmten Steuerrädern, Schmuckankern und Schiffsglocken. Unser etwas planloser Messebesuch führt uns anschließend durch zwei Hallen mit so genannten Superyachten. Das Ausstellerpersonal in feinsten Anzügen und mit feinsten Manieren ist sehr genau darauf bedacht, nur angemeldete Besucher oder solche, die aussehen, als verfügten sie über das notwendige Kleingeld, an Bord der Luxusyachten zu lassen. Bevor mich der Gedanke an den Nettobetrag auf meiner letzten Gehaltsabrechnung in tiefe Depression stürzt, verlassen wir die heilige Stätte des maritimen Überflusses.

Bei Wassersportbekleidung, Bootsausrüstung und Zubehör fühlte ich mich dann doch besser aufgehoben. Wir informieren uns über

Rettungswesten, lassen uns die Vor- und Nachteile von Feststoff- und Automatikwesten erläutern, krabbeln durch eine Rettungsinsel und flüchten vor einem Verkäufer für Feuerlöscher, der uns offensichtlich für die Eigner eines Holzschiffes aus dem beginnenden 19. Jahrhundert hält. Gut, gut, ich hätte ihn vielleicht nicht nach den nachträglichen Einbaumöglichkeiten und der Funktionsweise einer automatischen Löschanlage im Motorraum einer Barkasse fragen sollen. Die flackernden Euro-Zeichen in den Augen des Mannes konnte ich ja auch erst erkennen, nachdem er die getönte Brille abgenommen hatte.

Neben einem weiteren Messestand für Rettungsmittel entdecken wir in der Ecke mit der Cafeteria einen freien Tisch – ein kurzer Zwischensprint und die Sitzplätze gehören uns. Der Preis für zwei Becher Kaffee, zwei Mineralwasser und zwei belegte Baguettebrötchen erklärt mir die Verpflegungsrucksäcke der anderen Besucher. Sei 's drum, wir sitzen und können seit unserer Abreise endlich mal in relativer Ruhe eine Zigarette rauchen.

Vom Nebentisch klingen die Fetzen eines Verkaufsgespräches zu uns herüber und wecken unsere natürliche Neugier, das Ehepaar mittleren Alters hat sich doch tatsächlich in Begleitung des Familienhundes auf die Messe gewagt. Der kleine Mischling von der Größe eines Jack-Russel-Terriers kann seine Verwandtschaft mit einem deutschen Rauhaarteckel nicht leugnen, er sieht irgendwie aus wie ein »Hochstammdackel«, kürzer als ein Dackel, dafür aber mit längeren Beinen gesegnet. Ungeniert meldet er durch einmaliges Bellen Anspruch auf mein Brötchen an, dabei blitzen mich zwei freche, leuchtende Augen aus einem struppigen Rauhaardackelgesicht an, das auf dem falschen Körper zu sitzen scheint. Aber im Moment bin ich selbst hungrig.

»Oh, entschuldigen Sie bitte«, die Dame am Nebentisch holt die Hundeleine ein. »Nelson, du alter Gierhals, benimm dich, schließlich sind wir nur wegen dir hier.«

»Keine Ursache, ich mag Hunde«, antworte ich, während meine Gedanken darum kreisen, warum der Hund nach einem englischen Admiral benannt ist.

»Eigentlich ist Nelson ein lieber Kerl, nur auf unserem Boot und in Häfen wird er zum Rabauken«, erläutert unsere Nachbarin.

Der Verkäufer, der die ganze Zeit auf den Gatten der Hundehalterin eingeredet hat, erhebt sich und verschwindet in seinem Ausstellungsstand.

Nelsons Herrchen grüßt zu uns herüber und steigt in das Gespräch ein : »Ja, unser Hund, da mach' ich was mit, als Welpe wurde er immer seekrank, daher auch sein Name, und heute müssen wir ihm eine Schwimmweste kaufen.«

»Wissen Sie«, fährt Frauchen fort, »er kann nicht ertragen, wenn auf einem Nachbarschiff im Hafen ein anderer Hund ist. Nelson versucht dann auf dem direkten Weg auf das Nachbarschiff zu gelangen. Das heißt, er geht nicht über den Steg, nein, er versucht von Bordwand zu Bordwand zu springen, dabei landet er regelmäßig im Hafenbecken.«

Der Verkäufer kommt mit zwei Schwimmwesten für vierbeinige Bordgenossen zurück, und Nelson wird trotz seines sichtlichen Unbehagens zur Anprobe gezwungen. Unsere Tischnachbarn entscheiden sich für die Weste mit dem starr nach oben gerichteten Bergering und nicht für die mit der Schlaufe.

Anschließend bemerkt Nelsons Herrchen: »Endlich muss ich nicht mehr auf die Badeplattform runter, um den Hund aufzufischen, jetzt kann ich ihn mit dem Bootshaken an Bord ziehen oder versehe ihn mit einer stabilen, ausreichend langen Leine, die an Bord belegt wird. Wissen Sie, wir sind vier Monate im Jahr mit unserem Motorboot unterwegs, ich angle auch gerne, aber nicht immer nur nach unserem Hund.«

Nelson sieht in seiner Rettungsweste, die er jetzt selbst nach Hause tragen darf, nicht ganz so glücklich aus.

In der nächsten Halle finden wir endlich ein paar Kajütboote in einem Preissegment, das die spätere Anschaffung eines eigenen Bootes wenigstens überlegenswert werden lässt. Wir informieren uns über die Vor- und Nachteile von Außenbord- und Innenbordmotoren, Petroleum-, Spiritus- und Gaskochern, auch die verschiedenen Varianten von Bordtoiletten finden unsere Aufmerksamkeit. Den spontanen Abschluss eines Kaufvertrages für ein Boot vermeiden wir jedoch, sehr zum Leidwesen einiger äußerst bemühter Verkäufer. Bevor uns der Zorn des Standpersonals trifft, füllen wir unsere Tasche mit einigen Prospekten und besuchen die nächste Halle. Dort drängen sich Charterbetriebe aus aller Welt, verwegene Skipper suchen zahlungs- und arbeitswillige Mitsegler für Törns in der Karibik, im Mittelmeer oder auf der Ostsee, sogar das Bermudadreieck ist im Angebot. Meine Tasche füllt sich in rasanter Geschwindigkeit mit Charterunterlagen unserer niederländischen Nachbarn. Papier ist geduldig – und schwer.

Zwei Stunden, bevor die Messe schließt, kämpfen wir uns durch eine fast leere Aktionshalle – keine Aktion, keine Besucher -, durch die Taucher- und Surferhalle zurück zur maritimen Kunst und somit zum Ausgang. Meine Schulter schmerzt unter der Last der voll gepackten Umhängetasche.

»Bin ich froh, die Tasche von der Schulter zu kriegen«, stöhne ich auf.

»Meine Füße!«, stöhnt jetzt auch meine Frau. »Ich glaube, ich habe mir wenigstens zwei oder drei Blasen eingehandelt. Wann fährt die blöde Bahn denn endlich los?«

Die blöde Bahn wartet noch fast zehn Minuten und fährt dann fast leer Richtung Hauptbahnhof. Mir egal, ich bin froh, zu sitzen und die Tasche nicht tragen zu müssen.

Auf dem Bahnsteig des Hauptbahnhofes angelangt, glaube ich meinen Augen nicht zu trauen. Ein wahres Heer von Rucksackträgern wartet auf den Regionalexpress. Alle sind wieder da, nur der Inhalt der Rucksäcke wurde im Laufe des Messetages ausgetauscht – Verpflegung gegen Prospekte, Bücher, Broschüren. Andrea und ich sehen uns erst fragend an, dann nicken wir uns stumm zu und verlassen den Bahnsteig. Sicher, mit dem Regionalexpress wären wir in fünfunddreißig bis vierzig Minuten an unserem Heimatbahnhof angekommen, in Erinnerung an die Anfahrt am Morgen entscheiden wir uns aber jetzt für die S-Bahn. Die hält zwar an jedem dritten Baum, aber die Chance auf einen Sitzplatz ist größer. Als die Bahn sich in Bewegung setzt, fallen meine Frau und ich in einen wortlosen Dämmerzustand, den wir bis zum Bochumer Hauptbahnhof beibehalten. Für den abendlichen Bootsführerscheinkurs machen wir uns zu Hause dann mit gewaltig viel Kaffee und einem guten Essen fit.

Tage der Wahrheit und der Angst

Der letzte Seminarabend vor der Prüfung: Eine gewisse Anspannung ist im Hörsaal spürbar, als die theoretischen Fragen noch einmal durchgeackert werden. Irritation packt mich, wieso lautet Frage 136 in meinem Lehrbuch völlig anders als gerade vorgetragen wurde? Der Grund ist erschreckend. Im Oktober dieses Jahres wurde ein geänderter Fragenkatalog genehmigt, und mein Lehrbuch habe ich im August gekauft. Nach einer kurzen, aber heftigen Panikattacke stellt sich heraus, dass die Änderungen nicht prüfungsgefährdend sind. Wir hatten schlicht nicht die neueste Auflage erwischt.

Dann: ein Samstag im Februar – nein, der Samstag aller Samstage im Februar: Prüfungssamstag! In aller Frühe wollen wir los, denn um 09:00 Uhr ist Prüfungsbeginn. Wie auch sonst immer sorge ich dafür, dass wir sehr frühzeitig aufbrechen, ich will auf keinen Fall zu spät zur Prüfung kommen. Stau auf der Autobahn, Unwetter, Straßensperrungen – nichts soll uns aufhalten, und so stehen wir um 08:15 Uhr im ehemaligen Holzhafen in Duisburg. Eine Dreiviertelstunde Zeit, sich noch mal mit anderen Frühaufstehern auszutauschen und sich je nach Temperament Mut zu machen oder die Prüfungsangst auf ungeahnte Höhen zu treiben.

In dem sonst leeren Hafenbecken liegt heute ein größeres Rundfahrtboot, es ist unser Aufenthalts- und Prüfungsschiff. Nach der

Begrüßung der Teilnehmer durch den Prüfungsausschuss des Deutschen Motoryachtverbandes und des Seglerverbandes erfahren wir den Prüfungsverlauf. Die Bewerber um den Signalmittelsachkunde-Nachweis sollen zuerst die praktische Fahrprüfung zum SBF See ablegen, die anderen Prüflinge beginnen mit der theoretischen Prüfung zum SBF See. Eine Einteilung, die mir nicht schmeckt, denn erstens fühle ich mich in der praktischen Prüfung etwas wacklig, zweitens landen Andrea und ich in unterschiedlichen Gruppen. Trotzdem ist es nicht zu ändern.

Ein Bootsführer, ein Prüfer und acht hoffentlich werdende Skipper machen sich auf den zweihundert Meter langen Weg zum Prüfungsboot. Das Boot kenne ich ja schon von den Fahrstunden – wie sollen darauf zehn Personen Platz finden? Die Lösung ist ganz einfach: Vier Prüfungskandidaten stehen in dem kleinen Vorschiff, vier drängen sich in der Hecksitzgruppe, Prüfer und Bootsführer postieren sich neben dem Steuerstand. Dann müssen die Prüflinge aus dem Heck ans Ruder. Wer fertig ist, verschwindet unter Deck und schickt das nächste Opfer aus dem Vorschiff auf die Heckbank.

Die Prüfung beginnt, an Bord herrscht angespanntes Schweigen. Während der erste Kandidat ans Ruder schleicht, werden an die Wartenden ungefähr achtzig Zentimeter lange Leinenstücke verteilt. Aha: Einer fährt, und die anderen werden erst einmal auf ihr Geschick in Sachen Seemannsknoten geprüft. Im Moment konzentriere ich mich mehr auf die Aufgabenstellung meiner beiden Vorgänger, denn ich werde heute Morgen die Nummer drei am Ruder sein.

Beide schlagen sich tapfer, dann muss ich an Ruder und Gashebel. Noch habe ich die Worte unseres Lehrers im Ohr: »Ruhe bewahren, nicht die Hand auf dem Gashebel liegen lassen, wir sind keine Opel-Manta-Fahrer, die Prüfer mögen sowas nicht. Besonnen, jedoch mit Entschlossenheit und zielgerichtet das Boot führen.« Schöne Worte, nun gut, die Wende auf engem Raum bekomme ich problemlos in den Griff, ebenso das Fahren nach Kompass und das kursgerechte Aufstoppen. Als Nächstes steht das Rettungs- oder Mann-über-Bord-Manöver an. Ausgerechnet in diesem Moment fährt ein Boot der Wasserschutzpolizei in das ansonsten leere Hafenbecken und dreht mehrere Kontrollrunden. Ich werde nervös, drehe etwas zu unkontrolliert am Rad, mein Umgang mit dem Gashebel wird nicht nur unsensibel, er ist jetzt hektisch! Vor meinem geistigen Auge versinkt mein Führerschein im Hafen, dafür aber gelingt es mir immerhin, die ausgesetzte Boje zu retten.

Der Prüfer scheint nicht sehr glücklich, »Fahren Sie bitte am Steg dort drüben ein Anlegemanöver!«

»Ein Anlegemanöver?« Ich zucke zusammen. Keiner von uns hat je ein Anlegemanöver geübt; es hieß immer, wir würden es nicht brauchen, weil sich kein Prüfer je dafür interessiert hat. Es gelingt mir jedoch, das Boot in einem halben Meter Abstand parallel zum Steg aufzustoppen. Jetzt müsste nur noch jemand mit der Festmacherleine einen großen Schritt machen. Fahrerwechsel. Ich muss nur noch vorführen, wie der Peilkompass funktioniert, und bin aus der praktischen Fahrprüfung entlassen.

Kein Wort fällt zum Thema »bestanden« oder »durchgefallen«. Vollends verunsichert falte ich mich in der engen, niedrigen Vorschiffskajüte auf die Sitzbank und versuche mich auf die Knotenprüfung zu konzentrieren. Zum Glück kann ich die Knoten fast im Schlaf: Achtknoten, Kreuzknoten, Palstek, einfacher und doppelter Schotstek, Webeleinstek, ein und zwei halbe Schläge, Belegen einer Klampe mit Kopfschlag, alles klappt reibungslos. Der Prüfer legt selbst am Steg an, die praktische Prüfung ist vorbei – und keiner von uns Prüflingen weiß, ob er bestanden hat oder nicht.

Nach diesen eineinhalb Stunden auf dem Wasser sind wir alle ziemlich durchgefroren. Ein kalter, regnerischer Februarmorgen ist kaum dazu geeignet, Bootsführerträume zum Blühen zu bringen, die zumindest bei mir im Mittelmeer unter wärmender Sonne angesiedelt sind. Also sind wir alle etwas erleichtert, als wir erfahren, dass wir bis zur theoretischen Prüfung noch eine halbe Stunde Zeit haben, und wärmen unsere kalten, steifen Finger an einer heißen Tasse Kaffee. Einige, darunter auch ich, füllen hektisch ihr Defizit im Nikotinhaushalt auf.

Dann kommen die Teilnehmer der ersten Gruppe nach und nach aus dem Prüfungsraum, entspannte und gelassene Gesichter wechseln sich mit zweifelnden und unzufriedenen Mienen ab. Schnell werden noch Informationen über Ablauf und Inhalte der Praxis- und der Theorieprüfung an die weitergegeben, die die Qual noch vor sich haben.

Von Andrea erfahre ich, dass der Senior unseres Lehrganges bei einem plumpen Täuschungsversuch ertappt wurde und nun in vier Wochen, natürlich nach neuerlicher Zahlung der Prüfungsgebühr, eine zweite Chance wahrnehmen darf. Einen Bonus für Alter geben die mit marineblauen Clubsakkos bewehrten Prüfer also nicht.

Dann ist es soweit. Wir sind plötzlich zwölf Kandidaten für die schriftliche Prüfung, vier mehr als vorhin auf dem Boot. Die vier Neuzugänge waren zu spät gekommen – einer der Neuen strömt ein Aroma aus, als käme er direkt aus der nächsten Kneipe. Wie sich später herausstellt, ist er sturzbesoffen. Seine Geburtstagsfeier am Vortag hat sich denn doch etwas zu lange hingezogen – auf Wiedersehen in vier Wochen.

Wir nehmen nervös unsere Plätze ein, natürlich immer in gebührendem Abstand zum Nebenmann. Die Prüfungsbögen werden verteilt. Ich erhalte Bogen 19, meinen Nebenmann zur Rechten trifft Nummer 8, meine Nebenfrau zur Linken Nummer 23.

Nachdem ich die Fragen und die Navigationsaufgabe überflogen habe, gewinne ich langsam meine Selbstsicherheit zurück und entspanne mich, nur die quälende Unsicherheit über das Ergebnis der praktischen Prüfung lauert noch im Hinterhalt. Doch jetzt sind erst mal fünfundsiebzig Minuten pralle Konzentration auf die Theorie gefordert. Nach gut fünfzig Minuten bin ich fertig, die Karten-Aufgabe ist gelöst, auch die dritte Korrekturlesung führt zu keinem besseren oder anderen Ergebnis. Also reiche ich die Unterlagen einem der Prüfer.

Zurück im Vorraum bei Kaffee und Zigarette, sehe ich Andrea auf dem Prüfungsboot durch das Hafenbecken schippern. Ihre Gruppe ist eben erst gestartet, und bis sie wieder an Land kommt, werde ich wohl in der Prüfung für den Signalmittelsachkunde-Nachweis leiden. Doch dieser Test bereitet mir keine Schwierigkeiten, und fünf Minuten nach seinem Ende weiß ich: Diesen Prüfungsabschnitt habe ich auf jeden Fall bestanden.

Wir warten und warten, die Prüfer haben sich an einen riesigen Tisch verholt und werten die Bögen aus. Ihre große Stunde ist gekommen, gelegentlich rufen sie einen der Kandidaten zu sich, um sich seine schriftlichen Äußerungen mündlich erläutern zu lassen. Dann geht es um Schein oder nicht Schein. Die ersten Tränen einer aus dem Prüfungsgespräch zurückkehrenden jungen Frau lassen die ausgelassene Stimmung der Wartenden schlagartig sinken. Durchgefallen! Ohne schummeln und stocknüchtern durchgefallen! Und sie wird noch Gesellschaft bekommen, männliche und weibliche. Immer wieder verlässt ein Teilnehmer die Prüfungsecke mit hängenden Mundwinkeln, greift sich seine Jacke und Tasche und versucht sich unerkannt von Bord des Prüfungsschiffes zu schleichen.

Da sind sie wieder: die Unsicherheit, der Selbstzweifel. Irgendwie habe ich ein flaues Gefühl in der Magengegend – zu viele Zigaretten und noch mehr Kaffee im Missverhältnis zu fester Nahrung. Oder doch Prüfungsangst? In einem Anfall von Hybris entscheide ich mich für die erste Variante, doch Andrea und mir bleibt eine mündliche Prüfung erspart, also sind wir entweder durchgefallen oder haben bestanden. Ein jäh aufflackernder Gedanke erschreckt mich: Was ist, wenn Andrea es geschafft hat und ich nicht? Mein Ego jault auf, diese Möglichkeit hatte ich niemals in Betracht gezogen.

Dann erhebt sich die Prüfungskommission und schreitet in gemessener Prozession in Richtung der wartenden Kandidaten. Zuerst werden die Teilnehmer verabschiedet, denen auch die mündliche Prüfung nicht mehr genützt hätte. Fast ein Drittel der Teilnehmer ist ausgeschieden. Von mir bewunderte Steuerkünstler, denen jedes Manöver im ersten Anlauf gelungen ist, erkundigen sich leise nach dem Termin der nächsten Theorieprüfung, glänzende Theoretiker vereinbaren weitere Fahrstunden. Allen gemeinsam ist das gesenkte Haupt, mit dem sie das Schiff verlassen, und das liegt sicher nicht nur an der niedrigen Durchgangshöhe der Tür. Irgendwie wundere ich mich, noch an Bord zu sein, aber wie ich den wunderbaren Worten des Prüfungsleiters entnehmen darf, gehören Andrea und ich zu den Erfolgreichen des Tages.

Zum Jubeln und Feiern bleibt nicht viel Zeit, in vierzehn Tagen findet die Prüfung für den Sportbootführerschein Binnen statt. Zu meiner Beruhigung müssen Andrea und ich ja »nur noch« den theoretischen Teil absolvieren. Ein Fragebogen mit dreißig Fragen von insgesamt zweihundertfünfundneunzig möglichen muss in der Prüfung korrekt beantwortet werden. Also gestaltet sich unser Freizeitprogramm in den nächsten zwei Wochen recht einseitig.

Wieder büffeln wir die Bedeutung von Sichtzeichen an Brücken und Schleusen, Vorfahrts- und Durchfahrtsregeln, Umweltschutzbestimmungen und Ähnliches.

Am Prüfungstag finden wir das Vereinsheim in Duisburg ohne Schwierigkeiten, was wir nicht finden, ist ein Parkplatz. Als wir den Wagen schließlich los sind, müssen wir mehr als zehn Minuten zurücklaufen, mein Frühstart am Morgen war also nicht so unberechtigt, wie Andrea glaubte. Fünfzehn Minuten vor Prüfungsbeginn sitzen wir endlich in dem riesigen Saal mit den akkurat ausgerichteten Tischreihen für die Prüflinge. Die Prüfer haben sich einen gemütlichen Nebenraum als Hauptquartier gesichert.

Einige von uns haben erst vor drei Tagen erfahren, dass sie zur Prüfung zugelassen sind. Sie strahlen eine ansteckende Nervosität aus, da sie sich wohl nur ernsthaft mit der Materie beschäftigt haben, nachdem sie die Nachricht in Händen hielten. Der Prüfungsausschuss stellt sich vor, erklärt die Regularien und verteilt die Fragebögen. Kaum ist das gequälte Aufstöhnen bei erster Durchsicht der Bögen verklungen, beherrschen konzentrierte Arbeit und Ruhe den Saal, bis die eine oder andere Frage hilfesuchend an den jeweiligen Tischnachbarn geflüstert wird. Ab einer gewissen Lautstärke erheben sich zwei Prüfer von ihren Plätzen und gehen langsam durch die Reihen. Es wird wieder ruhiger. Hier und da fällt ein Hinweis oder eine Erklärung, wenn es zu offensichtlich ist, dass der Prüfling momentan ein Brett vor dem Kopf hat, hier und da fällt aber auch einem nervösen Prüfling ein Lehrbuch oder eine Spickzettelsammlung von den Knien. Dann gibt es kein Pardon, die Prüfungsgebühr ist futsch. Blamiert vor der Kommission und den anderen Teilnehmern und teilweise im Zweifel, ob sie es in vier Wochen noch mal versuchen sollen, verlassen die Sünder das Vereinsheim.

Andrea und ich sind mit unseren Fragebögen fertig, auch wiederholtes Durchlesen hat uns keine neuen Erkenntnisse gebracht. Wir geben die Bögen ab und flüchten ins Lokal, wo wir uns mit Kaffee und Käsebrötchen für die vormittägliche Anstrengung belohnen.

Schließlich wird es voll im Vereinslokal, die Prüfungszeit ist um, die Bögen sind eingesammelt, die Auswertung läuft. Mancher angehende »Bootsführer Binnen« beruhigt seine angespannten Nerven mit einem Schnaps. Bis ungefähr sechzig Fragebögen ausgewertet sind, kann es einige Zeit dauern. Doch endlich öffnet sich die Tür des Prüferzimmers, das allgemeine Stimmengewirr im Lokal macht stummer Erwartung Platz.

Ein Name wird gerufen, der Kandidat muss zur mündlichen Prüfung, da seine schriftlichen Ausführungen wohl noch ein paar Fragen offen lassen. Dann stellt sich die komplette Prüfungskommission den Wartenden, verkündet die Misserfolge des Tages, und es wird leerer im Lokal. Schließlich können auch meine Frau und ich den Triumph einer bestandenen Prüfung entgegennehmen. Wenn wir jetzt noch unser Auto wiederfinden, dann war der Tag ein voller Erfolg.

Auf der Heimfahrt sind wir irgendwie nachdenklich. Unsere Ziele haben wir erreicht, der Dienstagabend steht wieder zur freien Verfügung, was machen wir nun mit unserem neuen Wissen?

Wenige Tage später halten wir stolz unsere Bootsführerscheine in Händen und schicken sie noch am selben Tag wieder zurück. Andreas Führerschein ist nicht unterschrieben, und bei mir fehlt der Eintrag der Pyro-Prüfung, dafür habe ich die Auflage, ein Boot nur mit Sehhilfe, sprich Brille, führen zu dürfen. Zwar habe ich eine Lesebrille, aber außer beim Studium von Karten oder Büchern wollte ich diese an Bord eines Bootes nicht ständig tragen. Nach zwei weiteren Wochen halten wir endlich unsere korrekten Papiere in Händen.

Zwei Skipper auf dem Trockenen

Da sitzen wir nun auf dem Trockenen, wir dürfen Motorboote, ja sogar Motorschiffe (solange keine kommerzielle Nutzung gegeben ist) auf See und in Binnengewässern steuern, aber wie kommen wir an ein Boot?

Als überzeugter Bootsführer im Wartestand habe ich natürlich nach meiner »See-Prüfung« eine der einschlägigen, jeden Monat neu erscheinenden Fachzeitschriften für Motorboote und Yachting abonniert, denn im Anzeigenteil buhlen jede Menge Charterbetriebe des In- und Auslandes um die Gunst zahlungskräftiger Freizeitkapitäne mit und ohne Ausbildung. Angeboten werden Motorboote bis fünfzehn Meter Länge und mehr, in exklusiven Ausstattungsvarianten, die die meisten der Bootsmieter nicht in ihrer Privatwohnung vorfinden dürften.

In den nächsten Monaten besuchen wir auffallend oft meine Schwägerin, die mit Mann und Hund in Düsseldorf sehr nahe am Rhein wohnt. Lange Spaziergänge über die Uferwiesen mit Schwager und Schwägerin geben uns die Möglichkeit, den Schiffs- und Bootsverkehr auf dem Fluss zu beobachten und unser frisch erworbenes Wissen zu vertiefen. Bei unserem dritten Besuch drückt sich mein Schwager unter dem Vorwand, er müsse irgendetwas sehr Wichtiges an seinem Heimcomputer richten, um den Spaziergang. Beim vierten Besuch kommt nur noch der Hund mit.

Nun ja, vor ein paar Monaten ist die Schwester meiner Frau samt Mann und Hund umgezogen. Nicht weit weg – nur von der neuen Adresse aus können wir das Rheinufer nicht mehr zu Fuß erreichen. Ich fürchte, wir werden uns in Zukunft wieder seltener sehen.

Die folgenden Wochenendausflüge führen uns an den Rhein-Herne-Kanal, den Dortmund-Ems-Kanal und zum Schiffshebewerk Henrichenburg. Wir besuchen den einen oder anderen kleinen Sportboothafen und führen hier und da ein nettes Gespräch über Freud und Leid der Freizeitkapitäne. Liegegebühren, Versicherungen, Winterlagerkosten, zu kurze Schleusenöffnungszeiten an den Wochenenden, diese Themen sind einfach faszinierend.

»Verlassen Sie bitte die Steganlage, das Gelände ist nur für Mitglieder!«, diese und ähnliche Sätze bekommen wir allerdings auch zu hören, obwohl wir vorher im Clubhaus höflich gefragt haben, ob wir uns ein wenig umsehen dürften. Vielleicht hätten wir erst einen schriftlichen Antrag mit mehreren Durchschlägen an die Vorstände dieser alteingesessenen und ehrwürdigen Segel- und Motoryachtclubs und ihre Stellvertreter richten müssen.

Gespräche über das Thema »Chartern« beherrschen bald unsere gesamte Freizeit. Beim kühlen Pils an der Theke erfahren Andrea und ich überaus interessante Details über niederländische Charterreviere und über die Vorzüge von Schlossbesichtigungen, die während einer vierzehntägigen Loire-Flussreise mit dem gecharterten Hausboot von Bord aus gestartet werden konnten.

Ute, die kulturbegeisterte Frankreichfahrerin, kommt ins Schwärmen, doch als sie kurz von der Seite ihres Ehemannes weicht, brummelt dieser: »Schlösser, immer nur Schlösser! Nicht eine Weinprobe, keine einzige Kellereibesichtigung in der ganzen Zeit! Immer nur Schlösser und Burgen von irgendeinem Ludwig dem Soundsovielten und seinem Nachfolger oder Vorgänger. Nächstes Jahr chartere ich mit Freunden ein Boot in Irland. Am Shannon gibt es mit Sicherheit mehr schummrige Pubs und Whiskeydestillen zu besichtigen als romantische und pompös eingerichtete Schlösser mit dem Duft nach verrottenden Mottenkugeln.« Er verstummt abrupt und lächelt undurchsichtig, als seine bessere Hälfte heranschwebt.

Unser Informationsbedürfnis können wir also in unserer Stammkneipe nicht ausreichend befriedigen. Geschichten von Booten, die auf Schiet sitzen, von stotternden Motoren und im wahren Sinne des Wortes unglaublichen Angel- oder Segelabenteuern bekommen wir zuhauf zu hören, aber nicht eine einzige Empfehlung, wo wir guten Gewissens und unbesorgt ein Boot chartern können. Offensichtlich muss auch in diesem Bereich jeder Anfänger seine Erfahrungen selbst machen und sein persönliches Lehrgeld zahlen.

Ach ja, der gut situierte Gatte unserer Wirtin versucht noch uns sein gebrauchtes 14-Meter-Stahlschiff für acht Personen und den dazu gehörenden Liegeplatz am IJsselmeer zu einem Mondpreis zu verkaufen.

Nach mehreren Pils erklärt er uns: »Ohne meine Kinder, die jetzt erwachsen sind, kann ich das Boot bei den Hafenmanövern nur schwer beherrschen. Ich habe zwar zwei 150-PS-Dieselmaschinen, aber kein Bugstrahlruder. Zurzeit liegt meine Schöne im Winterquartier, und da bleibt sie vorerst auch, denn die letzte Einfahrt in die Hafenbox hat mir den kalten Angstschweiß auf die Stirn gejagt. Ich bin dabei bestimmt um ein paar Jahre gealtert, aber sonst ist es ein schönes Schiff.«

Da er nicht auf die Idee kommt, uns an Bord und vielleicht sogar zu einem kleinen Probetörn einzuladen, halten wir uns auch zurück. Hand gegen Koje wäre doch mal nett gewesen. Höflich bringe ich ihm also bei, dass Andrea und ich ein Boot suchen, das wir zu zweit in den Griff bekommen können, und dass wir bei seinen Preisvorstellungen kein Geld mehr für die notwendige Mannschaft auf seinem Riesenpott übrig behalten würden.

Alle mühsam gesammelten Informationen weisen schließlich auf eine Kleinstadt in den Niederlanden, genauer gesagt, in der Provinz Friesland hin: Sneek! Der Ort ist als Zentrum des Boots- und Segeltourismus in der Region sehr erfolgreich. Andrea und ich beschließen, uns den Hafen und das Drumherum an einem der nächsten Wochenenden aus der Nähe anzusehen.

Gesagt, getan. Da Andrea den Wagen fährt und ich für die Navigation verantwortlich bin, kann ich diesmal meine bevorzugte Abfahrtszeit von 06:00 Uhr nicht durchsetzen. Gegen acht Uhr erreichen wir dann aber doch die Autobahnauffahrt, eine gute Stunde später passieren wir die deutsch-niederländische Grenze, und nach einer Ehrenrunde im Verteilerkreisverkehr vor Arnheim erwischen wir die richtige Abzweigung und nehmen Kurs Nord. Die niederländische Beschilderung ist für uns eben noch etwas ungewohnt.

Kurz vor unserem Ziel verlassen wir die Autobahn und landen in einer endlosen Fahrzeugschlange auf der Einfallstraße nach Sneek. Im Stop-and-Go-Tempo pirschen wir uns durch das fremde Terrain. Mittlerweile ist es kurz vor elf, der Tag ist sonnig und warm, und das hohe Verkehrsaufkommen überrascht mich sehr, hatte ich mich doch extra vergewissert, dass an diesem Wochenende keine Wassersportveranstaltungen stattfinden. Als wir die Stadtgrenze erreicht haben, klärt sich des Rätsels Lösung auf: Eine bewegliche Brücke über einen der vielen Kanäle ist für den Rückstau auf der Hauptstraße verantwortlich. Wir passieren den von Fußgängern und Radfahrern wimmelnden Ort, und nach der ersten großen Ampelkreuzung kommen wir wieder zügiger voran. So zügig, dass ich beinahe das Ortsausgangsschild übersehen hätte. Wir wenden und halten vor einer Bäckerei, wo ich nach dem Weg zu einem Hotel im Stadtzentrum frage. Mit einer freundlich und wortreich in deutsch-niederländischer Gemeinschaftsproduktion verfassten Wegbeschreibung kehre ich zum Wagen zurück.

Mutig, denn noch fehlt uns das richtige Problembewusstsein, biegen wir in die erste enge Einbahnstraße der Altstadt ein und haben von nun an keinen Einfluss mehr auf unsere weitere Route. Verkehrsschilder umzingeln uns: Einfahrt verboten; Fußgängerzone; nur Anlieferungen gestattet. Richtungsvorgaben und Einbahnstraßen nehmen uns alle weiteren Entscheidungen ab. Als besondere Würze in diesem Chaos scheinen auch noch die Fahrräder über eine eingebaute Vorfahrt zu verfügen und von den allgemeinen Verkehrsregeln ausgenommen zu sein.

In einer – in unserer Richtung natürlich gesperrten – Seitenstraße entdecke ich plötzlich unser Hotel. Navigator an Steuerfrau: »Zweimal rechts abbiegen, dann müssten wir da sein.« Ich bin ehrlich froh, in diesem Chaos nicht selbst fahren zu müssen, denn sogar meine geduldige Andrea verliert allmählich ihre gute Laune.

Die erste Querstraße nach rechts taucht auf: Abbiegen verboten. Wir kämpfen uns weiter zur zweiten Querstraße durch und finden uns im Innenhof einer größeren Wohnanlage wieder. Dort frage ich einen Auto waschenden, älteren Herrn nach dem Weg. Er erklärt mir umständlich etwas, was ich nur zum Teil verstehe, aber eines kapiere ich doch: Er empfiehlt uns, außerhalb des Stadtkerns zu parken und dann zu Fuß zum Hotel zu gehen, alles andere wäre eine Expedition nach Versuch und Irrtum. Aber wie kommen

wir aus diesem Labyrinth wieder heraus? Andrea bremst abrupt. Vor uns weitet sich ein großer Platz in der Fußgängerzone, Menschen über Menschen verstellen uns den Weg, eine holländische Riesenorgel lässt ihre fröhliche Musik vom Lochstreifen über das Getümmel ertönen und scheint uns spöttisch auszulachen. Voraus liegt also die Fußgängerzone, da können wir nicht durch; zurück geht auch nicht – Einbahnstraße; rechts ist eine Baustelle, links stehen Marktstände; wir sitzen in einer verkehrstechnischen Unmöglichkeit fest. Ich übernehme das Steuer, und dann setzen wir den Touristenjoker: Warnblinkanlage an, hilflos und entschuldigend aus der Wäsche gucken und im Schritttempo geradeaus, quer über den Platz durch das Meer von Menschen mit und ohne Fahrrad. Nach ungefähr siebzig Metern erreichen wir eine Straße, die in beiden Richtungen befahrbar ist – ein Wunder!

Was dann folgt, lässt sich nur als Flucht durch die Sneeker Altstadt bezeichnen. Nachdem wir endlich einen großen öffentlichen Parkplatz außerhalb des Stadtkerns entdeckt haben, lassen wir unseren Opel Corsa schweren Herzens dort zurück. Inzwischen ist es kurz nach ein Uhr mittags, wir sind hungrig und durchgeschwitzt, und unsere Nerven liegen blank. Mit unseren geschulterten Reisetaschen kämpfen wir uns zu Fuß zum Hotel durch. Zu meiner Überraschung entdecken wir die Leuchtreklame bereits nach zehn Minuten wieder und, ja, man hat auch noch ein Zimmer für uns. Wir duschen, als hätten wir eine Saharadurchquerung überstanden, essen eine Kleinigkeit im Hotel und brechen wieder auf, um den Ort zu erkunden.

Malerische alte Bürgerhäuser mit reich verzierten Giebeln säumen den Platz vor unserem Hotel und schräg gegenüber entdecken wir den VVV, das Touristeninformationsbüro. Nichts wie hin, doch leider ist das Büro seit ein paar Minuten geschlossen. Frustriert beschließen wir, uns ins allgemeine Getümmel des Stadtfestes zu stürzen. Unser Hotelier hat uns zwar den historischen Hintergrund und den Namen des Festes ausführlich erläutert, aber ich konnte es mir nicht merken, denn schließlich haben wir andere Interessen. Im Verlauf des Nachmittags bekommen wir heraus, dass die Charterreedereien im Industriegebiet auf der anderen Seite der Hauptgracht liegen.

»Da sind Sie mit dem Auto in zehn Minuten.«

Nach unseren Erfahrungen bei der Ankunft begnügen wir uns daraufhin mit einem Faltblatt mit dem Verzeichnis friesischer Bootsvermieter, welches Andrea irgendwo ergattert hat. Ins Auto bekommt uns heute keiner mehr. Wir finden aber gegen Abend ein gemütliches Restaurant und füllen die über Tag verbrauchten

Kalorien wieder auf. Die Portionen sind mehr als ausreichend, und besonders das Angebot aus der asiatischen Küche ist vielfältig. Anschließend genehmigen wir uns in einer Kneipe in Hotelnähe noch ein paar Bierchen und Junge Genever. Die haben wir uns hart verdient.

Rechtschaffen müde kehren wir ins Hotel zurück, und ich beginne, mir ein paar besorgte Gedanken über das Nachbarhaus zu machen, mit dem unser Zimmer Wand an Wand liegt. Ein unscheinbares Haus, welches den ganzen Nachmittag verschlossen war. Jetzt, nach dreiundzwanzig Uhr, sind die Fenster bunt erleuchtet, Jugendliche sowie jung gebliebene Erwachsene stehen auf der Straße herum und warten offensichtlich auf Einlass. Es wird sich doch wohl nicht um eine Diskothek handeln?

Andrea fällt ins Bett, ich glaube, sie schläft schon, bevor sie die Matratze berührt hat. Auch ich lege mich hin und lösche das Licht. Doch kaum habe ich in dem fremden Bett eine akzeptable Einschlafposition gefunden, dringen durch die Wand am Kopfende des Bettes dumpfe Technorhythmen an mein Ohr. Um vier Uhr morgens schließt die Disco endlich, woraufhin aber eine Gruppe Jugendlicher die öffentlichen Bänke und Treppenstufen in Hauseingängen gegenüber unserem Hotel besetzt. Sie diskutieren äußerst engagiert und vor allem lange, ich verstehe kein Wort, kann mir jedoch im Halbschlaf denken, worum es geht. Will es aber gar nicht wissen, ich will doch nur schlafen. Gegen sechs löst sich der Debattierklub auf, nachdem ich schon alle Hoffnung aufgegeben habe. Am Frühstückstisch komme ich mir dann so zerknittert vor, wie die Cornflakes auf dem Büfett aussehen, doch Andrea ist putzmunter, sie hat herrlich geschlafen und nichts gehört.

Nach dem Frühstück brechen wir zu einem weiteren Rundgang durch den Ort auf, denn Sneek ist außerordentlich sehenswert, wenn die alten Straßen nicht überfüllt sind, und am späten Vormittag machen wir uns mit unserer Beute, zwei Verzeichnissen über Anbieter von Charterbooten, wieder auf die Heimfahrt.

Das Chartern eines Bootes kommt für uns ohnehin erst im Herbst in Frage, denn der Sommerurlaub, leider wie immer in der ersten oder zweiten Hälfte der Sommerferien zu nehmen, ist schon lange gebucht. Natürlich geht es auf und ans Wasser: Eine einwöchige Minikreuzfahrt auf einem größeren Motorsegler (»maximal zwanzig Passagiere«) durch die Inselwelt der Kykladen mit anschließendem einwöchigem Aufenthalt auf einer kleinen, vom Massentourismus fast unberührten Insel, deren Namen ich niemandem verraten werde. Was fast unberührt ist, soll auch fast unberührt bleiben. An Bord unseres Schiffes namens ZEUS erwartet uns eine Kabine mit Nasszelle und eine sehr gute Reiseleitung, die der interessierten Gruppe alle Zusammenhänge zwischen der griechischen Geschichte und ihrer Götter- und Sagenwelt erläutern kann. Da ich in diesem Thema ohnehin recht firm bin, zielen meine Interessen mehr auf den Bereich des Maschinenraumes, der Besegelung, der Navigation und der Brückenausstattung. Aber bis zum Urlaub sind noch zweieinhalb Monate hin, die sinnvoll genutzt werden wollen.

Also erkundige ich mich in den nächsten Wochen beim Bundesamt für Seeschifffahrt und Hydrographie in Hamburg, wie ich an aktuell berichtigte Seekarten komme. Leider können mir meine diversen Gesprächspartner nur einen Verlag in Hamburg nennen, bei uns im Ruhrgebiet gibt es angeblich keinen einzigen Vertreiber für das gesuchte Material. Ich führe ein weiteres Telefonat mit Hamburg, rufe diesmal direkt im Verlag an und halte wenige Tage später einen ausführlichen Katalog in Händen, der nicht nur Karten, sondern auch Leuchtfeuerverzeichnisse, Hafenhandbücher, Törnplaner und vieles mehr enthält. Mühsam unterdrücke ich einen gewaltigen Anfall von Kaufrausch.

Andrea und ich sind uns in der Zwischenzeit einig geworden, dass unser erstes Charterrevier in den Niederlanden liegen soll, also bestelle ich eine Wasserstraßenkarte der Region, ein Handbuch mit der Beschreibung aller in Frage kommenden Häfen und ihrer Einfahrten sowie einen Reisebericht, der die Region von den Kanälen aus beschreibt. Als die Bestellung abgeschlossen ist, sind wir mit hundertzwanzig damals noch Deutschen Mark dabei. Und was heutzutage gar nicht so selbstverständlich ist und deshalb erwähnt werden sollte: Bereits nach einer Woche halte ich alles in Händen.

Als der Sommerurlaub vorbei ist, könnte ich ein ganzes Buch füllen. Jedenfalls bin ich an Bord unseres 35-Meter-Motorseglers in jede nur erdenkliche und erreichbare Ecke gekrochen. Vom Maschinenraum über den Kettenkasten für die Ankerkette, von der Kombüse bis zur Brücke habe ich mir alles genau angesehen und erklären lassen. Die einzigen Orte, die ich vermieden habe, waren die beiden Masttopps, sie waren mir zu hoch und zu wackelig. Bestimmt hat die Mannschaft, nachdem wir die ZEUS verlassen hatten, eine große Kerze in der kleinen orthodoxen Kapelle am Hafen mit der Bitte angezündet, zukünftig von derartig neugierigen Amateurseeleuten verschont zu bleiben. Ich nehme es ihnen nicht übel, sondern danke ihnen an dieser Stelle noch mal für ihre Geduld.

Kaum hat uns der Alltag wieder, teilt mir Andrea mit, dass sie im September noch eine Woche Urlaub bekommen kann. Im September ist in der niederländischen Provinz Friesland noch Chartersaison!

Törnplanung

Die Verzeichnisse, die Andrea bei unserem Kurzbesuch in Sneek mitgenommen hat, erweisen sich als wahre Fundgrube. Jede Menge Charterbetriebe bieten ihre Dienste an. Die einzelnen Boote werden mit Grundriss und ausführlicher Beschreibung vorgestellt, und von sieben Meter bis fünfzehn Meter Länge ist jede Menge im Angebot. Bei mehr als fünfzehn Metern Länge benötigt man auch in den Niederlanden einen Bootsführerschein.

Eine Menge Fragen verlangen nach Antworten, und wir erstellen wieder eine Liste:

- Was für ein Boot wollen wir?
- Welche Bootsgröße trauen wir uns zu?
- Welche nautische und welche technische Ausstattung soll es haben?
- Wie komfortabel soll/muss/darf der Wohnbereich sein?
- Was darf uns der Spaß kosten?

Die wichtigste Frage lautet jedoch sieben Wochen vor Urlaubsbeginn:

- Welche Boote sind noch frei?

Vernünftige Menschen ergänzen die Stoffsammlung nun durch eine Kriterienliste, haken die diversen Ergebnisse ab und finden so den für ihre Bedürfnisse optimalen Kompromiss aus den vorgegebenen Fakten. Wie gesagt: vernünftige Menschen. Jungskipper wie ich verfallen bei dem Gedanken an das erste eigene Kommando auf dem ersten gecharterten Boot in eine Form von blindwütigem Aktionismus, gepaart mit fast zwanghafter Planungswut. Dies alles begründe ich damit, dass ich als »Anfänger und vernünftiger Mensch« so handeln müsse.

Entsprechend chaotisch verlaufen dann die Vorbereitungen. Nach zehn Tagen Internet-Recherche, unzähligen Telefonaten, Faxen und E-Mails stehen die Charterreederei und der Bootstyp fest, auch der Preis entspricht unseren Vorstellungen. Der Katalog verspricht uns eine moderne holländische Stahlyacht, ein Eigenbau des Unternehmens mit 8,75 Meter Länge, 2,90 Meter Breite, nur 0,90 Meter Tiefgang und 2,40 Meter Durchfahrtshöhe. Der geringe Tiefgang ist für die Benutzung kleinerer Kanäle ebenso wichtig wie die Durchfahrtshöhe, da es in Friesland neben den bekannten beweglichen auch unbewegliche, sprich feste Brücken gibt, unter denen wir durchmüssen. Weiterhin sei das Schiff mit Luftheizung, Kompass, Echolot und einer Bugschraube ausgestattet und verfüge über ein Radio sowie einen Landanschluss zur 220-Volt-Stromversorgung. Besonders die Bugschraube hat es mir von Anfang an angetan, denn so eine Hilfe kann man bei Manövern in engen Häfen gar nicht hoch genug schätzen. Die Motorisierung des Bootes erscheint mir mit einem 24 kW (33 PS) Peugeot-Schiffsdiesel etwas gering, aber ich will ja keine Rennen fahren.

Im Bug ist ein Doppelbett eingebaut, und der Salon hat eine kleine Küche und eine Sitzgruppe. In der Achterkajüte befindet sich ein zweites Doppelbett sowie das Bad mit Toilette und Sitzbadewanne. Die Stehhöhe im Salon wird mit 1,90 Meter angegeben und kommt so meiner eigenen Länge von 1,84 Meter entgegen. Wir sind begeistert.

Das Schiff bietet ausreichend Platz für uns, zumal der Katalog es sogar für vier Erwachsene anbietet. Wir müssen nicht einmal die

Sitzgruppe zum Schlafplatz umbauen und haben einen getrennten Aufenthalts- und Schlafraum. Raucher wie ich müssen auf so etwas achten, denn es fördert den Frieden an Bord und beugt Meutereien durch die militanten Nichtraucher unter der Besatzung vor.

Der erste Teil der Arbeit ist also erledigt, wir haben ein Boot. Jetzt gilt es noch die Route auszuarbeiten.

Ich vergrabe mich in die Wasserstraßenkarte Frieslands, studiere Reisebeschreibungen und Handbücher und stelle für jeden Reisetag einen separaten Törnplan zusammen. Anhand meiner Unterlagen erarbeite ich Fahrtrouten, schreibe markante Landmarken und Brücken als Navigationshilfen heraus, kopiere und vergrößere Kartenausschnitte und muss mich gelegentlich daran erinnern lassen, dass ich auch noch verheiratet bin. Auch das kollektive Betrachten von Videobändern zu den Themen Praxis des Motorbootfahrens, Hafenmanöver und Motorkunde stieß auf unterschwellige Kritik. Vielleicht habe ich besonders mit der Motorkunde ein wenig übertrieben.

Trotzdem – Andrea ist kooperativ und macht sich derweil Gedanken über die Bordverpflegung. Wichtigste Frage: Welche Mahlzeiten kann man gut auf nur zwei Gasflammen zubereiten, ohne eine Woche von Nudeln mit verschiedenen Tütensoßen und grünem Salat leben zu müssen?

Ich erinnere mich immer noch mit Schrecken an die Zeit, als ich mir mein Studium unter anderem als Begleiter einer achtzehnköpfigen Jugendgruppe auf einem großen Plattbodenschiff mit Selbstverpflegung verdiente. Schon am dritten Tag hatten sich alle Betreuer freiwillig bereit erklärt, die Verpflegungsfrage zu übernehmen, und konnten so gerade noch verhindern, dass uns der mitzuverpflegende Kapitän und sein Bootsmann über die Planke in die Nordsee jagten oder bei Ebbe auf einer Sandbank aussetzten. Die letzten fünf Dosen Ravioli in Tomatensoße haben wir am letzten Abend unter den zwanzig Teilnehmern des Törns verlost, die Gewinner wirkten trotzdem nicht sehr begeistert.

Zweitwichtigste Frage: Was muss im Kühlschrank gelagert werden, was nicht? Einbaukühlschränke in Wohnmobilen und auf Booten haben bauartbedingt leider oft nur das Volumen eines etwas größeren Schuhkartons. Meine Frau kocht gerne und gut, was die ständig zunehmende Bundweite meiner Jeans beweist. Es ist also ihre Aufgabe, eine Einkaufsliste für die Vorratshaltung an Bord zusammenzustellen, die eine abwechslungsreiche Verpflegung verspricht. Frische Zutaten werden wir uns vor Ort besorgen. Meine Aufgabe bei der Proviantierung besteht in der Beschaffung der Getränke: Kaffee, Tee, Mineralwasser und natürlich eine ausreichende Menge des Bieres dieser kleinen, aber sehr guten Bochumer Privatbrauerei, die ich auch zu Hause bevorzuge. Ich gönne unseren niederländischen Nachbarn ihr heimisches Bier, doch sie mögen mir verzeihen, wenn ich auf meiner Hausmarke bestehe. Für den Verdauungsschnaps beziehungsweise den Manöverschluck empfiehlt sich jedoch der »Jonge Genever« unseres Gastlandes.

Nachdem noch die wichtigsten Dinge in Bezug auf unsere Bordbekleidung geklärt sind, unter besonderer Berücksichtigung eines guten Kälte-, Wind- und Regenschutzes sowie möglichst rutschfestem Schuhwerk, das an Deck überlebenswichtig werden kann, halten wir unsere Planung für abgeschlossen.

Der Chartervertrag liegt uns vor, die Anzahlung ist überwiesen. Als ich später die dreisten Gebühren für die Auslandsüberweisung auf meinem Kontoauszug entdecke, überlege ich ernsthaft, ob es nicht günstiger gewesen wäre, das Geld persönlich abzuliefern. Die Kaution in Höhe von fünfhundert damals noch Deutschen Mark verspricht der Bootseigner zurückzuerstatten, wenn am Ende des

Törns an Bord alles in Ordnung ist und wir keine größeren Schäden verursacht haben. Hoffentlich.

Unsere Mietzeit beginnt Samstagmorgen um 10:00 Uhr und endet am darauf folgenden Freitag um 12:00 Uhr. Telefonisch erkundige ich mich beim Verleiher, ob es am Ort eine Pension oder ein Hotel gibt, da ich schon am Freitagnachmittag anreisen möchte, um Andrea das frühe Aufstehen am Samstag zu ersparen. Leider gibt es im Ort keine Übernachtungsmöglichkeit, und so bekomme ich das Angebot, die Nacht schon auf unserem Schiff im Hafen zu verbringen. Ich nehme dankbar an.

Der erste Törn

Freitagmittag gegen zwei Uhr ist das Auto beladen, und wir starten Richtung Niederlande. Da sich der Sitz unserer Charterfirma in einem kleinen Ort kurz vor Sneek befindet, kennen wir den größten Teil der Strecke schon.

Um fünf erreichen wir unser Ziel, die Durchfahrt durch den Ortskern ist nur Anwohnern erlaubt, also frage ich in der Gaststätte am Ortseingang nach unserem Verleiher. So erfahre ich, dass wir zuerst über die Umgehungsstraße das ganze Dorf umfahren müssen, um in das Industriegebiet zu gelangen. Dort gäbe es sechs oder acht Bootsverleiher und kleine Werften, wo unser Betrieb genau ist, sei nicht bekannt.

Die Umgehungsstraße zieht sich dann mehr und mehr in die Länge, so groß sah das Dorf von der anderen Seite gar nicht aus. Nach einem Bogen von hundertachtzig Grad kommen wir an eine Kreuzung, links ist die Anwohnereinfahrt ins Dorf, geradeaus geht es in eine Sackgasse und rechts zum Industrie- und Gewerbepark. Hätten wir durch den Ort fahren dürfen, wären wir in zwei Minuten am Ziel gewesen, ich kann von meinem Ausgangspunkt an der Kreuzung das Wirtshausschild am anderen Ortseingang deutlich erkennen. Doch trotz des lädierten Wegweisers an der Einfahrt zum Gewerbegebiet finden wir unseren Vercharterer nun problemlos, es ist die erste Firma an der Wasserseite.

Nach der freundlichen Begrüßung bei einer Tasse Kaffee erledigen wir schon mal den Papierkram, hinterlegen die Kaution und erhalten die Schiffspapiere und andere notwendige Unterlagen. Für unseren vollgepackten VW-Bus weist man uns ein Plätzchen auf dem abschließbaren und bewachten Parkplatz in Nähe des Hafenbeckens zu. Dann zeigt uns der Chef persönlich »unser« Boot, aha, so lang sind also acht Meter fünfundsiebzig. Und was ich zu sehen bekomme, macht einen guten Eindruck: Ein sauberes weißes Deck, der Steuerstand seitlich und zum Heck hin mit einer dunkelroten Persenning geschützt. Meine besorgten Fragen, wie das Schiff in diesem engen Hafenbecken an seinen Liegeplatz gekommen ist, beziehungsweise ob es ihn je wieder wird verlassen können, stelle ich zunächst hintan. Statt dessen inspiziere ich erst einmal den Rumpf und die Aufbauten des Schiffes. Ich suche nach Dellen und Kratzern, die mir ein Vormieter vererbt haben könnte, da ich meine Kaution in einer Woche gerne zurückbekommen möchte. An der Steuerbordseite des Bugs finde ich tatsächlich ein paar Schrammen, die wohl von einem niedrigen Anlegesteg herrühren. Dann entern wir das Boot über den Steuerstand mittschiffs. In Blickrichtung zum Bug befindet sich auf der linken, sprich Backbordseite, der Fahrstand mit Ruder, Gashebel und Instrumentenkonsole, in der Mitte sehe ich die Tür zum Niedergang in den Salon, daneben einen belüfteten Kleiderschrank für nasse Wetterjacken. Im Heck gibt es zwischen zwei Sitzbänken noch einen Niedergang zur Achterkajüte mit Nasszelle, WC und Schlafraum.

Während die Sonne langsam hinter dunklen Wolken verschwindet, verstauen wir unser Gepäck und die Vorräte an Bord. Wir beschließen, in der Achterkajüte zu schlafen, bringen also die Schlafsäcke und Reisetaschen ins Heck, Werkzeugkoffer, Vorratskisten und unsere Kochutensilien kommen nach vorn. Nachdem ich mir zum dritten Mal den Kopf angeschlagen habe, beginne ich die genaue Stehhöhe zu überprüfen. Im Steuerstand ist mir der aufrechte Gang möglich, vor der Küchenzeile auf Höhe des Kochers kann ich mich immerhin noch bequem zwischen Fußboden und Decke festkeilen. In der Achterkajüte begreife ich aber schnell, warum dieses Boot eine Sitzbadewanne hat: Für eine Dusche ist es zu niedrig. Mit zunehmender Sorge prüfe ich deshalb auch noch die Länge der Betten – ausreichend, Gott sei Dank. Andrea hat in der Zwischenzeit die Küchenausstattung ins Visier genommen, vom Kaffeelöffel bis zum Schnapsglas ist alles vollzählig für sechs Personen vorhanden. Mit sechs Leuten möchte ich den begrenzten Raum an Bord jedoch nicht teilen müssen, schon Andrea und ich stehen uns gelegentlich im Weg.

Dann ist alles verstaut, auf dem Bugbett stehen ordentlich aufgereiht unsere Vorrats- und Versorgungskisten, der Kühlschrank funktioniert und ist gefüllt, wir schauen uns zufrieden um. Ich möchte noch versuchen den Wetterbericht für morgen abzuhören, denn der Abendhimmel zieht sich immer mehr mit finsteren, unfreundlich wirkenden, dicken Wolken zu, doch ich kann das Radio nicht finden. An Deck suche ich nach einer Antenne und komme zu dem Schluss, keine Antenne heißt: auch kein Radio. Ebenfalls konnte ich bei meiner Sucherei an Deck keine Außensteckdose für den 220-Volt-Landanschluss entdecken, dafür ist der Gaskocher in der Kombüse nicht zwei- sondern vierflammig. Da wir erfahren haben, dass hier im Gewerbegebiet ein gutes Restaurant sein soll, beschließen wir, den Kocher noch nicht auszuprobieren, sondern lieber zum Essen auszugehen.

Achtern rumort es, ich höre, wie Andrea leise vor sich hin schimpft, automatisch beschleicht mich ein schlechtes Gewissen, und ich erforsche meine Sünden, was ich wohl verbockt haben könnte. Die Tür des Niederganges wird aufgestoßen, meine Gattin steht mit nassen Händen in der Tür zum Waschraum und will ein Trockentuch aus der Küche haben.

»Ist dir etwas über- oder ausgelaufen?«, frage ich besorgt und reiche ihr das Gewünschte. Hilfsbereitschaft ist immer gut, wenn ich vermuten muss, etwas angestellt zu haben, ohne genau zu wissen was.

»Ich habe unsere Handtücher zu Hause liegen lassen«, kommt die etwas kleinlaute Antwort zurück.

Ich halte das nicht für einen törngefährdenden Vorfall, die ersten Tage werden wir uns eben mit meinem Duschlaken behelfen, und im nächsten größeren Ort können wir sicherlich ein paar Frotteehandtücher kaufen, die Bordkasse wird das schon aushalten. Mittlerweile wird der Himmel immer dunkler, und mein Hunger wird immer größer, ich dränge also zum Aufbruch und stehe im nächsten Moment schon, vorsichtshalber in meine Regenjacke gehüllt, auf dem Steg und warte auf Andrea. Das Rumoren an Bord verstummt nach einem kurzen, aber heftigen Fluch. Andreas Regenjacke liegt bei unseren Handtüchern.

Wir machen uns trotzdem auf den Weg zum Restaurant und wissen nur, dass es ziemlich am entgegengesetzten Ende des Industriegebietes liegen soll. Nach mehreren Ausflügen in interessante Sackgassen haben wir fast jedes Hafenbecken des Gewerbegebietes besichtigt, am allerletzten finden wir nach einer Stunde Fußmarsch die Gaststätte.

Ein kleiner Tisch ist in dem mit maritimen Bildern und Zubehör gemütlich ausgestatteten Schank- und Speiseraum noch frei. Wir besetzen ihn so schnell wie möglich, denn kurz hinter uns kam eine größere Gruppe potenzieller Gäste den Weg am Hafenbecken entlang. Ich wundere mich über die vielen Leute im Lokal, laute Gesprächsfetzen in niederländischer und deutscher Sprache geben mir aber keinen Aufschluss.

Erst als wir die Speisekarte lesen, wird uns bewusst, wie hungrig wir wirklich sind. Die Schnitzel übertreffen unsere kühnsten Erwartungen, besonders die Vielfalt der Kartoffel- und Gemüsebeilagen überrascht uns aufs Angenehmste. Unser Tischgespräch dreht sich um den Törn.

»So groß habe ich mir das Boot nicht vorgestellt«, bemerkt meine Frau etwas besorgt, »glaubst du, dass wir damit klar kommen werden?«

»Solange ich die EVA III nicht aus der Box und dem engen

Hafenbecken manövrieren muss, hoffe ich doch, dass wir beide zusammen den Herausforderungen der nächsten Woche gewachsen sein werden«, antworte ich optimistisch.

»Wer darf eigentlich der Skipper sein? Wir haben doch ausdrücklich gelernt, dass immer nur einer an Bord das Kommando haben kann«, stellt mein Gegenüber ziemlich förmlich fest.

Achtung – Vorsicht – Fangfrage!

Im Geiste sehe ich mich schon unter dem Befehl meiner Frau Kartoffeln schälen, das Deck schrubben und die Kombüse wie auch die Kajüte aufklaren. Jetzt ist eine diplomatische Antwort gefragt, sonst beginnt eine Meuterei, bevor die Leinen los sind.

»Ja, auf dem Papier sind wir natürlich beide als Schiffsführer geeignet, ich denke jedoch, dass immer derjenige, der gerade am Ruder steht, auch sonst das Kommando haben sollte, da er ja die Verantwortung trägt«, versuche ich mein Glück.

»Na ja … gut … wir werden sehen, wie sich das in die Praxis umsetzen lässt«, lautet die etwas unverbindliche Antwort.

Gut gesättigt machen wir uns nach ein paar Bierchen und einem Genever für die Verdauung wieder auf den Weg zu unserem Boot. Zu unserer Überraschung brauchen wir für den Rückweg nur zwanzig Minuten.

Das Wasser im Hafen schimmert mattschwarz, nur die spärliche Stegbeleuchtung sorgt für fahle Lichtreflexe zwischen den Booten. Der Wind hat aufgefrischt, am Himmel ist kein Stern zu sehen, nur die schemenhaften Umrisse schwerer, grauer Regenwolken lassen sich in der Nacht erahnen. In der Ferne glaube ich für einen Moment Blitze zu sehen, bin mir aber nicht ganz sicher. Wir springen an Bord, ordnen unsere Schlafsäcke und machen uns fertig für unsere erste Nacht an Bord. Noch ein Schlummertrunk, dann verschließen wir die Bugkajüte und verziehen uns ins Schlafabteil im Heck. Erst rollt sich Andrea in ihren Schlafsack ein, dann kann ich in die niedrige Kajüte schlüpfen. Ich schließe die Tür und quetsche mich zwischen meiner Frau und der griffbereiten Taschenlampe, die mir plötzlich überdimensional groß erscheint, ins Bett. Es ist kühl, aber trotz des anstrengenden Tages schlafen wir auf der Stelle ein.

Kurz darauf lässt mich ohrenbetäubender Lärm wieder hochschrecken, etwas trommelt vehement auf das Stahldeck über mir. Es blitzt, und im selben Moment kracht der nächste Donnerschlag auf uns herunter. Unser Boot zerrt an den Leinen. Jetzt ist auch Andrea wach, ich krieche aus dem Schlafsack, schnappe mir die Taschenlampe und klettere in den Steuerstand. Es ist ein Uhr nachts.

Durch die Kunststofffenster der Persenning ist nichts zu erkennen, Sturzbäche aus Wasser und Hagelkörnern verhindern jede Sicht. Durch die Glasscheiben in Richtung Bug kann ich im Schein der grellen Blitze wenigstens das Hafenbecken vor mir ausmachen, das Wasser scheint unter den fallenden Regenmassen zu kochen, der Wind hat sich zu einem Sturm entwickelt, die Bäume am Ufer neigen sich bedenklich. Neue Salven großer Hagelkörner schlagen auf unser Stahldeck wie auf eine Blechtrommel.

Andrea ist mir nachgekommen und sieht ziemlich besorgt aus. »Bin ich froh, dass wir noch im Hafen liegen! Stell dir nur mal vor, so etwas erwischt uns auf einem dieser Binnenseen.«

»Mir ist auch mulmig, aber ich wäre lieber draußen auf dem offenen Wasser, statt in einem dieser engen Kanäle, wenn es schon sein muss.«

Der nächste Blitz erhellt mit seinem gleißenden Schein die Nacht, der nachfolgende Donner übertönt jedes Gespräch.

»Was hast du gesagt?«, will meine Frau wissen.

»Ich mache mir Gedanken, ob das Boot mit nur dreiunddreißig Pferdestärken ausreichend motorisiert ist.«

Alle weiteren Sorgen verstummen unter diesem Stakkato aus Blitzen und Donnerschlägen. Noch keinen Meter gefahren und schon müssen wir um unser Leben fürchten! Hatten wir uns das wirklich so vorgestellt?

An Schlaf ist nicht mehr zu denken, wir sitzen fröstelnd im Salon und werfen die Heizung an. Andrea setzt Teewasser auf, und wir halten uns die nächsten Stunden an unseren warmen Tassen fest. Sobald wir einzunicken drohen, weckt uns Mutter Natur mit lautem Krachen oder einem Hagelschauer. Und erst als sich gegen vier Uhr morgens das Wetter wieder beruhigt hat, krabbeln wir in der Hoffnung auf wenigstens ein paar Stunden Schlaf wieder in unsere Koje.

Zwischen sieben und halb acht kehrt das Leben in unseren kleinen Hafen zurück. Zerknittert und unausgeschlafen stehen wir an Deck und denken über das Frühstück nach. Ich erfahre, dass ich für den Weg zum nächsten Bäcker das Auto brauche.

»Die Brötchen sind gestrichen!«

Doch dann siegt die Vernunft, denn nach dieser Nacht will ich ein vernünftiges Frühstück. Also klettere ich in meinen VW-Bus und fahre in den nächsten Ort. Kein Bäcker zu finden! Meine Recherchen ergeben, dass es die Brötchen nur im Supermarkt gibt, und der öffnet erst in fünfzehn Minuten.

Auch egal, warte ich eben.

Nach weiteren fünfundvierzig Minuten bin ich, mit frischen Brötchen und frischen Eiern, wieder in unserem kleinen Hafen, aber an Bord ist niemand. Ich vermute meine Frau im Sanitärgebäude, gehe an unsere kleine Pantry, setze Wasser für Kaffee auf, stelle eine Pfanne für Eier mit Schinken bereit und decke den Tisch.

Während ich mich bemühe, das Rührei-Schinken-Gemisch in der Pfanne in eine appetitliche Form zu bringen, klettert Andrea den Niedergang herunter, über dem Arm trägt sie ein paar Frotteehandtücher.

»Ausgeliehen«, erklärt sie freudestrahlend, »ich habe der Chefin erzählt, dass ich die Handtücher vergessen habe, da hat sie mir die hier geliehen. Gegen einen geringen Obolus, versteht sich.« Sie stutzt einen Moment. »Du schaffst es wirklich, jede Küche zu verwüsten!«

Eigentlich bin ich mir wirklich keiner Schuld bewusst.

»Ich habe mich auch nach dem Wetterbericht erkundigt«, informiert mich Andrea, »unsere Vermieterin meint, das gesamte Tiefdruckgebiet sei schon gestern durchgezogen, Unwetter sind nicht mehr zu erwarten, es wird jetzt schöner. Lass uns mal hoffen, dass dies kein berufsbedingter Zweckoptimismus ist.«

Während wir frühstücken, kündigt sich der Verleiher zur Einweisung an Bord an. Wir haben gerade noch Zeit, unser Geschirr zu spülen und meine »Verwüstungen« zu beseitigen, da steht er schon an Deck.

Nach einigen erklärenden Worten zur Handhabung des Bootes leitet er zu den wichtigen Kleinigkeiten über, die täglich durchzuführen sind, zuerst erläutert er uns die Elektrik. Es gibt eine Starterbatterie und eine Versorgungsbatterie. Sollten wir abends an Bord sitzen und lesen, sollten wir den Batteriehauptschalter auf eins stellen, sodass nur Strom von der Versorgungsbatterie gezogen wird. Erst wenn wir losfahren und während der Fahrt ist der Schalter auf zwei zu stellen. Nur so bekommt der Anlasser Strom, und nur so werden beide Batterien durch die Lichtmaschine wieder aufgeladen.

»Sollten Sie die Umstellung auf ›Versorgung‹ abends vergessen und lange lesen, müssen Sie am nächsten Morgen rudern!«, scherzt er.

Auf meine Frage, ob die Batterien nicht über den im Katalog

erwähnten 220-Volt-Landanschluss zu laden seien, schüttelt er nur den Kopf.

Wir werden in den Steuerstand gebeten, unser Einweiser kramt in einem seitlichen Staufach und bringt eine verbeulte Kabeltrommel mit Doppelstecker sowie ein Adapterkabel für Starkstromanschluss hervor.

»Ihr 220-Volt-Landanschluss«, erklärt er freundlich, »für den Staubsauger, ansonsten reichen die Batterien.« Für den Staubsauger? Er scheint mir die Frage vom Gesicht abzulesen. Wir krabbeln zurück ins Vorschiff, und aus einem Schapp unter dem Bugbett wird ein Gerät hervorgezogen, das ich auf Anhieb nie und nimmer als Staubsauger erkannt hätte. Bei genauerer Betrachtung erinnert mich dieses Gerät an einen Teppichkehrer oder auch so genannten Teppichdackel, wie ihn meine Mutter in den späten sechziger Jahren und Anfang der Siebziger in Betrieb hatte. Nur hat bei diesem Modell irgendein findiger Mensch einen Motor als Antrieb für die Kehrwalzen daraufgesetzt und ein Sechsmeterstromkabel angeklemmt. Ich nehme mir vor, meine Brötchen zukünftig an Deck durchzuschneiden, um Krümel im Schiff zu vermeiden. »Für die Endreinigung und zwischendurch«, bemerkt der Charterchef, während er das technische Artefakt wieder unter dem Bugbett verstaut.

Etwas kleinlaut geworden, frage ich nach dem Radio und erfahre, dass es unseren Vormietern abhanden gekommen sei. Ersatz war leider noch nicht zu beschaffen. Ausgerechnet in diesem Punkt hatte ich mich auf die Ausstattungsliste verlassen, obwohl ich sonst mein Transistorradio überallhin mitschleppe.

Der Schiffswerkzeugkasten erweist sich als Witz im Vergleich zu meiner eigenen Werkzeugkiste. Eine rostige Rohrzange und ein verbogener Schraubendreher dazu eine Rolle Klebeband zum Flicken der Persenning erscheinen mir doch recht spärlich. Zum

Glück habe ich mich hier nicht auf die Angaben im Katalog verlassen und vom Stromprüfgerät für 12-Volt-Anlagen über den Maul- und Ringschüsselsatz bis zu diversen Ersatzsicherungen alles dabei. Natürlich in der Hoffnung, es nicht zu brauchen, aber jetzt vermittelt es mir doch irgendwie ein Gefühl der Sicherheit.

»Jetzt kommen wir zum Herz des Schiffes«, erklärt uns der Vercharterer, »treten Sie bitte an die Ränder des Steuerstandes.«

Er hebt eine riesige Bodenklappe auf. Wir blicken in die Bilge des Bootes, sie macht einen trockenen und sauberen Eindruck.

»Da ist ja auch unser Motor!«, freut sich Andrea.

Die kleine dreiunddreißig PS starke Maschine macht auf ihrem Sockel einen eher verlorenen Eindruck, finde ich. Nach kurzer Erläuterung zum Kühlwasserkreislauf und zum Wasser- und Ölfilter schließen wir die große Bodenklappe, um ein kleines, DIN A4 großes Kläppchen hochzuheben. Ich sehe ein zylindrisches Gehäuse, aus dem am oberen Ende eine Kurbel ragt.

»Dies ist die Schmierung der Schraubenwelle, die Kurbel der Fettpresse muss einmal täglich um dreihundertsechzig Grad im Uhrzeigersinn gedreht werden, um die Welle gut gefettet und die Stopfbuchse am Rumpfaustritt dicht zu halten.«

Nach dieser Information werden Andrea und ich zum Steuerstand zitiert. Das Boot wird gestartet, aber nicht einfach so wie ein Auto! Erst ist der Batteriehauptschalter auf zwei zu stellen, dann sollen wir den Schlüssel ins Schloss stecken und zwei Rasten weit drehen, bis eine rote Lampe im Armaturenbrett leuchtet. Es wird vorgeglüht. Zwischenzeitlich erklärt uns der Eigner das Mäuseklavier im Armaturenbrett:

- Scheibenwischer rechts, Entschuldigung, Steuerbord
- Scheibenwischer Backbord
- Armaturenanzeigen: Drehzahlmesser, Dieseltank, Frischwassertank, Öltemperatur
- Positionslichter

- Ankerlicht
- automatische Bilgepumpe
- Kompass und Echolot
- Armaturenbeleuchtung

Alles einzeln abgesichert und mit eigenen Schaltern versehen, nur Ersatzsicherungen sind natürlich nicht an Bord, mir brummt der Kopf.

Meine Frage, warum der elektronische Kompass nichts anzeigt, geht im Motorlärm unter. Andrea und ich werfen hektisch die Leinen los, und der Verleiher steuert das Boot aus dem engen Hafenbecken – besser er als ich.

Nach ein paar Metern übernehme ich das Ruder, vor mir liegt ein Stichkanal zum Prinses Margriet Kanaal, und dabei fällt mir das Stichwort »Berufsschifffahrt« wieder ein. Aber noch sind wir ja nicht da, dafür blinkt und piept das Echolot wie verrückt, und die LCD-Anzeige des elektronischen Kompasses zeigt nur trübes Grau.

»Der Kompass ist leider nicht in Ordnung. Sie fahren ja doch nur auf den Kanälen und nicht auf dem IJsselmeer, eigentlich brauchen Sie da keinen Kompass. Ein Echolot wie dieses mit Fischfinder brauchen Sie eigentlich auch nicht, das Boot hat ja nur neunzig Zentimeter Tiefgang. Aber ich erkläre Ihnen das Gerät gerne«, schwadroniert unser Einweiser mit professioneller Geschwindigkeit los.

Dem folgenden Wortschwall aus Deutsch, Niederländisch und Fachchinesisch kann ich nicht mehr folgen, denn wir haben den Hauptkanal erreicht, und ich fahre »Kurs Steuerbord« in ihn ein. Einige hundert Meter vor mir droht eine enorme Autobahnbrücke. Warum nur habe ich das Gefühl, dass die Durchfahrt immer schmaler wird, je näher ich komme, sollte das nicht genau umgekehrt sein?

Hinter der Brücke übernimmt Andrea das Ruder, wir wenden und fahren zum Hafen zurück. In dem engen Stichkanal muss ich dann doch wieder übernehmen. Wir setzen unseren Verleiher an der Bootstankstelle ab und haben das Boot jetzt eine Woche für uns – mit allen gemischten Gefühlen und der Angst des Anfängers vor der eigenen Courage.

Aller Anfang ist schwierig

Mit mäßiger Geschwindigkeit laufen wir zurück in den Prinses Margriet Kanaal. Es ist jetzt kurz nach zehn, leichter Nieselregen hat eingesetzt, und ein schwarzes Monstrum von Tankschiff kommt uns entgegen. Unsere erste Begegnung mit der Berufsschifffahrt! Theoretische Überlegungen in Bezug auf Sogwirkung, Schwell der Schiffschrauben und so weiter schießen uns durch den Kopf. Wir halten uns möglichst weit rechts, der Kanal ist ja breit genug, und schon ist dieser Spuk vorbei.

»Da vorne sieht es aber komisch aus«, Andrea deutet weit über den Bug weg, »das sieht aus wie eine Schleuse!«

Vor uns sieht der Kanal tatsächlich sehr befremdlich aus, die Betoneinbauten erinnern wirklich an eine Schleuse, und Schleusen wollte ich doch auf der ersten Fahrt unbedingt vermeiden. Also verlangsame ich die Fahrt und suche nach einer Möglichkeit, das Fahrwasser nach Backbord zu queren, um mich in dem großen leeren Hafenbecken eines kleinen Ortes neu zu orientieren. Wir sind offensichtlich nicht da, wo wir hinwollten. Eine gute Dreiviertelstunde unterwegs und dann schon so was! Wir sehen uns fragend an.

Der lange, leere Anlegesteg neben einem Restaurant lädt uns geradezu zu einem Zwischenstopp ein. Andrea entscheidet sich für die Arbeit an den Leinen und Fendern, ich fahre parallel zum Steg und sehe mir die Festmachmöglichkeiten an. Der Steg ist mit

Holzbohlen belegt, doch die Planken wirken von den Bedingungen der vergangenen Nacht noch recht feucht und glitschig. Poller und Ringe für die Leinen sind ausreichend vorhanden. Als Andrea versucht mir mithilfe unserer kleinen Sprechfunkgeräte mitzuteilen, dass die Fender an Steuerbord ausgerichtet sind, verstehe ich kein Wort. Das Rauschen und das Nageln unseres Diesels sind alles, was ich empfange, unser Boot ist nicht funkentstört, und ich beginne heftig daran zu zweifeln, dass es an Bord je ein Radio gegeben hat. Dafür fängt das Echolot wie verrückt an zu piepen, und das ist genau das, was ich im Moment dringend brauche: Ein Instrument, das lärmt, mich nervös macht und dessen Anzeigen ich nicht verstehe. Ein Tastendruck – klick – dann ist Ruhe. Ich will an den Steg, der Hafen wird schon tief genug sein, und Fische unter dem Boot interessieren mich im Moment herzlich wenig.

Nach einer Kreisfahrt im Hafenbecken bringe ich das Boot zumindest in die Nähe des Steges, leider aber nicht nahe genug. Zwar könnte ich den Bug mit dem Bugstrahlruder rüberdrücken, Andrea könnte dann mit der Bugleine an Land, doch wie kriegen wir dann das Heck an den Steg? Wenigstens hat der Regen aufgehört, vereinzelt schieben sich Sonnenstrahlen durch Wolkenlücken, und ich kann die ächzenden Scheibenwischer abstellen.

Nach drei weiteren Ehrenrunden bringe ich das Boot so nahe an den Steg, dass Andrea nur noch einen großen Schritt auf die Planken machen muss. Die Heckleine kann ich sogar von Bord aus um einen Poller legen. Geschafft! Wir sind landfest. Bug- und Heckleine sind mit ordentlichen Kopfschlägen auf den Klampen belegt, die Springleinen ebenfalls. Maschine aus! Mäuseklavier aus! Batterieschalter auf eins! Wir sind da! Nur wo?

Ich glaube nicht, dass dieser Ort »Passantenhafen« heißt, wie auf dem verwitterten Schild am Stegende zu lesen ist. Im Moment ist weit und breit kein Mensch zu sehen, den wir fragen können,

aber diese Peinlichkeit würden Andrea und ich uns sowieso gerne ersparen. Zerknirscht machen wir uns auf den Weg zum Restaurant am Ende des Steges. Wir finden einen mehrsprachigen Hinweis auf Toiletten, Wasch- und Duschräume sowie einen handgeschriebenen Zettel in niederländischer Sprache. Meine Übersetzungsversuche ergeben, dass das Restaurant in der Nachsaison nur von Donnerstag bis Sonntag ab 17:00 Uhr geöffnet wird. Heute ist zwar Samstag, aber wir haben noch Vormittag.

»Lass uns einfach in den nächsten Supermarkt gehen, da kaufen wir eine Kleinigkeit, und auf dem Kassenzettel wird der Ortsname schon stehen«, schlägt Andrea vor.

Gar nicht so dumm, mit welchen Tricks sich meine Gattin hier zu helfen weiß. Ich grüble über der Wasserkarte. Was ist nur falsch gelaufen?

Dann machen wir uns auf den Weg in den Ort und finden tatsächlich einen Supermarkt, Andrea kauft ein bisschen frischen Salat fürs Mittagessen. Leider haben wir nicht mit der Sparsamkeit der Marktleitung im Hinblick auf die Farbbänder in den Kassen gerechnet, der Kassenbon ist nur ein unleserliches Stückchen Papier mit Tintenfragmenten.

Jetzt rettet uns nichts mehr.

»Entschuldigung«, frage ich einen Spaziergänger, »wie heißt dieser Ort? Ich fürchte nämlich, dass wir uns verfahren haben.«

»Terhoerne, das hier ist Terhoerne«, lautet die von einem Kopfschütteln begleitete Antwort.

Andrea und ich bedanken uns und kehren aufs Boot zurück. Während Andrea aus unseren Vorräten ein Mittagessen zaubert, kämpfe ich mit der Wasserkarte, Hafenhandbüchern und meiner Törnplanung. Die Schleuse vor uns ist wahrscheinlich die Einfahrt zum Sneekermeer, eine Schutzschleuse, die nur bei wechselnden Wasserständen geschlossen wird, ansonsten aber eine ungehinderte Durchfahrt ermöglicht. Also was ist passiert?

Wir sind schlicht beim ersten Verlassen des Stichkanals vom Charterbetrieb aus in die falsche Richtung abgebogen, nicht Kurs Nord, sondern Kurs Süd.

»Der Kompass ist leider nicht in Ordnung. Aber Sie fahren ja doch nur auf den Kanälen und nicht auf dem IJsselmeer, eigentlich brauchen Sie da keinen Kompass«, die Worte des Verleihers klingen in meinen Ohren nach, und ich beginne mich allmählich über die Schlamperei zu ärgern.

Nach dem Mittagessen und dem Abwasch starte ich die Maschine erneut, wir wollen versuchen unser geplantes Tagesziel, den Yachthafen von Drachten, doch noch zu erreichen. Kaum sind die Leinen los, fädeln wir uns jetzt schon etwas mutiger in den laufenden Verkehr des Prinses Margriet Kanaals ein. Unser Schiff fährt, aber etwas stimmt nicht. Ich habe keine Anzeigen auf den Instrumenten. Demnach müssten der Diesel- und auch der Frischwassertank leer sein, und der Motor hat angeblich weder Temperatur noch Drehzahl. Ratlos stehen Andrea und ich der scheinbar soeben verstorbenen Elektronik gegenüber.

Wir sind inzwischen fast schon wieder auf Höhe der Kreuzung, an der wir am Morgen falsch abgebogen sind, und ich erwäge bereits, zum Charterbetrieb zurückzukehren, um die Anzeigen reparieren zu lassen, als mir die Lösung unseres Problems dämmert. In Gedanken belege ich mich selbst mit einigen, die Intelligenz eines Menschen stark in Frage stellenden Begriffen. Das Mäuseklavier! Ich habe vergessen, die Instrumente einzuschalten. Nach ein bisschen Knöpfedrücken ist alles, wie es sein soll, und Andrea und ich beginnen die Fahrt zu genießen, zumal die Sonne scheint und kaum noch Wolken am Himmel sind.

Andrea hat jetzt das Ruder übernommen, der Verkehr hat nachgelassen, mit Berufsschifffahrt müssen wir hier kaum noch rechnen. Wir haben den Hauptkanal verlassen und schleichen uns auf flachen Seitenkanälen an das Naturschutzgebiet Prinsenhof heran, schmale Kanäle wechseln sich mit weiten Wasserflächen ab. Wichtig ist nur, die Fahrrinne nicht zu verlieren, da die Wassertiefe rechts und links selbst für unser Boot zu gering ist.

Plötzlich wächst von Backbord aus dem dichten Schilfgürtel eine mehrere Meter hohe schwarze Wand in unser Fahrwasser, wir stoppen unser Boot verwundert auf. Es handelt sich um das unbeladene Schiff eines Profis, der sich auf dem Weg ins Wochenende befindet. Der kreuzende Kanal ist nach den Angaben unserer

Wasserkarte jedoch nur wenig tiefer als der unsere. Der Profi muss also allen Ballast von Bord gepackt haben, oder er hat Rollen unterm Schiff.

Nach dieser Überraschung geht es mit kleiner Geschwindigkeit weiter, unser Kurs führt uns über eine weite, offene Wasserfläche, an deren Ende ein Kanal nach Steuerbord abzweigt, der uns in Richtung des in unseren Büchern hochgelobten, nagelneuen Yachthafens von Drachten bringen soll.

Während ich mir die weitere Strecke auf der Karte ansehe, stoppt Andrea unser Boot auf. »Da fahre ich nicht durch, das musst du schon machen, ich kann das nicht!«, mit entgeistertem Gesichtsausdruck deutet sie in Richtung unseres Bugs.

Vor uns im Kanal tummelt sich ein gutes Dutzend Jollen, die unter Anleitung mehrerer Segellehrer von einem Ufer zum anderen kreuzen und dabei Wenden oder Halsen oder Was-weiß-der-Motorbootfahrer-wie-das-heißt üben.

»Es hilft nichts, wir müssen da durch, es gibt keinen anderen Weg, nur ärgerlich, dass die Jollen Vorfahrt haben«, ich übernehme das Ruder und taste mich mit kleinster Fahrt in den Kanal.

Schon ist das erste Boot vorbei. Langsam in die Lücke stoßen, abstoppen, in die nächste Lücke, abstoppen und so weiter. Wir schlängeln uns wie zwischen den Zähnen eines Reißverschlusses durch, nur wechseln diese Zähne ständig die Seiten. Nach endlosen zwanzig Minuten sind wir wieder in freiem Wasser und finden ohne größere Probleme die Einfahrt des Kanals, der uns in südlicher Richtung nach Drachten führt.

Drachten wird in meinem Handbuch ob seines neuen Yacht- und Passantenhafens in den höchsten Tönen gelobt. Offenbar soll es jedoch ein Geheimtipp bleiben, denn die Anfahrtbeschreibung ist relativ unklar gehalten. Wir haben bereits die Wasserfläche im Industriegebiet erreicht, Werkshallen mit ihren

Ladekais säumen unseren Weg; da Wochenende ist, liegt der Berufsverkehr hier lahm. Es bleibt uns also nichts anderes übrig, als langsam das Ufer abzufahren und die Einfahrt zum Yachthafen zu suchen. Während Andrea schon befürchtet, wir müssten im Industriehafen festmachen, entdecke ich einen zwischen Bäumen versteckten Kanal. Hier sind wir richtig, das sagt uns zumindest der im Wasser liegende Wegweiser. Nach einer weiteren halben Stunde weitet sich der Kanal, lange Reihen von über dem Wasser gebauten Bootshäusern werden sichtbar. An einem lese ich einen Hinweis zum Passantenhafen. Hier sind angeblich immer einige Liegeplätze für durchreisende Boote reserviert, und ich hoffe inständig, noch einen guten Platz zu bekommen, wo wir das Boot trotz unserer mangelnden Erfahrung gut anlegen können.

Schon taucht ein großer, langer Steg vor uns auf, deutlich sind in gleichmäßigen Abständen die Versorgungssäulen für Strom und Wasser zu erkennen. Dies ist unser Hafen, wirklich unser Hafen, es ist kein anderes Boot am Steg.

Erleichtert über so viel Platz zum Manövrieren, machen wir schnell und – wie ich glaube – fast schon gekonnt unser Boot längsseits am Steg fest.

Als Erstes möchte ich jetzt einen frisch gekochten Kaffee. Das Wasser brodelt noch nicht, da hält ein Fahrrad auf dem Steg, ein junger Mann weist sich als Mitarbeiter der Hafenmeisterei aus und möchte die Liegegebühr kassieren. Er zeigt uns noch die neuen Sanitäreinrichtungen im Hafen und teilt uns mit, dass das Lokal – vor dem wir liegen – geschlossen hat.

»Keine Saison mehr«, bedauert er, und auf unsere Frage, wie wir in den Ort kommen, erklärt er schnell noch den Weg: »Du gehst bis zu die kleine Gracht da vorn und denn einfach immer die Gracht lang.«

Andrea sieht zweifelnd in die angegebene Richtung – Bäume und dahinter Industriehallen, mehr können wir von hier aus nicht erkennen.

»Wie lange werden wir laufen müssen?«, fragt sie etwas misstrauisch.

»Zehn vielleicht fünfzehn Minuten«, schiebt er noch hinterher, schwingt sich aufs Fahrrad und radelt eilig davon.

Wir machen uns landfein. In der Hoffnung auf ein leckeres Abendessen in einer gemütlichen kleinen Kneipe starten wir erwartungsvoll Richtung Drachten. Nach zehn Minuten haben wir gerade mal die Hafenanlage umrundet und stehen am Anfang des uns als Orientierungspunkt genannten Kanals. Ein schnurgerader Schotterweg läuft parallel zu dem Gewässer, das muss der Fußweg in den Ort sein. Links davon liegen zu Hausbooten umgebaute Lastkähne im Wasser, rechts stehen einzelne Garagen in notdürftig eingezäunten Gartenparzellen. Einige der hier lebenden Anwohner nehmen unsere Gegenwart offensichtlich nicht allzu freundlich auf, denn ihre mürrischen Blicke und bellende Hunde begleiten uns.

»Glaub bloß nicht, dass ich heute Abend im Dunkeln mit dir hier langgehe. Es dämmert jetzt schon, und hier gibt es keine Beleuchtung«, meldet meine Frau ihre Bedenken an.

Irgendwie kann ich sie sogar verstehen, doch sollte ich ihr jetzt Recht geben, würden wir sofort zum Boot zurückrennen und uns verschanzen.

»Wie weit ist es noch, wir gehen doch wenigstens schon eine halbe Stunde an dieser Gracht entlang, und langsam werde ich wirklich hungrig«, lautet ihre nächste Unmutsäußerung.

Auch in mir wachsen langsam Zweifel, ob wir hier noch richtig sind. Wir haben die Hausboote und Gärten hinter uns gelassen, der Weg ist nur noch von hohen Büschen gesäumt, die jedoch so weit zurückgeschnitten sind, dass sie dem uns entgegenkommenden Landrover nicht den Lack zerkratzen. Wir müssen uns allerdings in die Büsche drücken, um den Wagen vorbeizulassen, der Fahrer macht keine Anstalten, auch nur einen einzigen Zentimeter auszuweichen.

Nach weiteren zwanzig Minuten strammen Marsches erreichen wir ein erneutes Anzeichen der Zivilisation in Form einer Ampelkreuzung, ein Schild weist von hier den Weg zur Stadtmitte. Wir sind noch einmal zwanzig Minuten unterwegs, unsere Mägen machen ihrer Not schon durch knurrende Geräusche Luft, seltsamerweise sind wir bei unserem Gang durch den Außenbezirk an keiner geöffneten Gaststätte vorbeigekommen.

Im Zentrum entdecken wir dann den großen »Dorfkrug«, und dieser ist bis auf den letzten Platz besetzt. An der Tür des Speisesaals und an der Theke warten bereits mehrere Gäste auf den nächsten frei werdenden Tisch.

Frustriert steuern wir die gegenüber liegende Imbissstube an. Hier gibt man uns zu verstehen, dass man gerade schließt, nein, ein anderes Restaurant existiert in diesem Kaff nicht. Jetzt sind wir sauer und bitten das Personal, uns ein Taxi zu bestellen, was auch geschieht.

Während wir warten, setzen wir uns unter einen großen Baum, um uns etwas vor dem einsetzenden Regen zu schützen. Nach endlosen fünfzehn Minuten, wir glauben schon nicht mehr daran, fährt das Taxi vor.

»Zum Yachthafen, bitte«, nenne ich muffig unser Ziel, doch schon nach ein paar Minuten siegt meine Neugier über meinen Frust. »Sagen Sie mal, warum ist der schöne, neue Hafen so weit vom Ort angelegt worden?«, will ich wissen. »Das erscheint mir nicht sehr glücklich geplant.«

»Zwischen dem Ort und dem neuen Yacht- und Passantenhafen sollte schon längst eine Ferienanlage stehen, so was wie Center Parcs oder so. Aber der Investor ist wohl abgesprungen, und es gab auch jede Menge Ärger mit den Besitzern von den Hausbooten im Kanal«, erklärt unser Fahrer.

Nach fünfzehn Minuten Fahrt stehen wir, noch hungriger als zuvor, wieder an unserem Bootsanleger, den wir vor fast zweieinhalb Stunden voller Hoffnung verlassen hatten. Wir sind immer noch das einzige Boot am Steg.

Als Erstes stelle ich die Heizung an, denn auf dem Wasser ist es kühl geworden, während Andrea unsere Vorräte sichtet und mit den bescheidenen Bordmitteln ein wohlschmeckendes Abendessen zubereitet. Wir machen ausgiebig von den Duschen im Hafen Gebrauch, sie sind ja exklusiv für uns da, und beschließen den Abend mit einem kühlen Bier.

»So ganz alleine hier im Hafen, so ganz ohne bewohnte Häuser oder andere Boote in der Nähe ist mir schon ein bisschen mulmig«, gibt meine Frau nach einiger Zeit kleinlaut zu.

»Selbst wenn wir Nachbarn hätten, kannst du nie wissen, was das für schräge Typen sind. Wir machen nachher alles dicht und schließen unser Schlafnest von innen ab, mehr können wir mit unserer Wohnung zu Hause auch nicht machen«, versuche ich sie zu beruhigen.

»Ich muss immer an die komischen Typen auf den Hausbooten denken.«

»Die sorgen sich wahrscheinlich nur um ihre Liegeplätze und sind sauer wegen des Ferienparks, für die ist jeder fremde Besucher unerwünscht, er könnte ja ein neuer Investor sein. Deshalb ist jeder Tourist, der hier aufkreuzt, unwillkommen.«

Bewaffnet mit meiner schweren Taschenlampe sichere ich den abendlichen letzten Gang meiner Frau zur Toilettenanlage im Sanitärhaus. Wieder an Bord, verschwindet sie nach einem schnellen Gute-Nacht-Kuss in der Achterkajüte. Ich mache es mir mit meiner Ferienlektüre und einem weiteren Bier noch ein bisschen im Salon gemütlich und genieße die Abendstimmung. Dann ist mein Buch zu Ende und mein Bier auch; es ist kurz nach Mitternacht, als ich nach einem letzten Rundgang über Boot und Anleger die Türe vor unserem Bett verrammle. Andrea schläft schon tief und fest. Ich schließe mich ihr an.

Brücken mit Tücken

Irgendetwas ist anders, da ist Bewegung im Schiff, und ich schieße aus der Koje, ohne an die geringe Stehhöhe der Kajüte zu denken. Im nächsten Moment werde ich jedoch schmerzhaft daran erinnert. Das gibt wenigstens eine dicke Beule. Jetzt ist auch Andrea wach, ich kann eben nicht gut leise fluchen. Endlich habe ich die Tür auf und stehe im Steuerstand, unser Boot ist noch landfest, gut, aber auf der Wasserseite hat ein einheimischer Fahrensmann seinen 14-Meter-Kabinenkreuzer aus einem der Bootsschuppen geholt. Der Schwell der beiden Schrauben wühlt das Wasser im Hafenbecken auf und trifft uns hart, als er sich mit einer vorwärts und einer rückwärts laufenden Schraube fast auf der Stelle dreht.

»Was ist denn los, muss ich schon aufstehen?«, klingt es verschlafen aus der Achterkajüte.

»Nichts, alles in Ordnung, du kannst noch liegen bleiben, es ist erst sechs Uhr fünfundvierzig«, antworte ich.

»Kommst du wieder ins Bett?«

»Nein, ich bleib' auf.«

»Dann mach bitte die Tür zu und hör auf, mit dem Boot zu wackeln.«

Mit dem Boot wackeln? Ich schließe wunschgemäß die Tür und enthalte mich einer Antwort. Zwischenzeitlich ist das andere Boot aus dem Hafen gelaufen, und das Wasser beruhigt sich wieder.

Im Salon durchwühle ich die Bordapotheke nach ein paar Kopfschmerztabletten, die ich mit einem halben Liter Mineralwasser hinunterspüle, aber mein Schädel dröhnt weiter und fährt immer noch kräftig Karussell. Das Wetter macht einen guten Eindruck, es gibt kaum Wind, wenige Wolken und eine wärmende Herbstsonne. Ich öffne die Persenning an beiden Seiten des Steuerstandes und hoffe so, meinen Brummschädel auszulüften beziehungsweise die Tablettenwirkung zu beschleunigen. Den Wunsch nach frischen Brötchen zum Frühstück verwerfe ich in Anbetracht der Entfernung zum Ort, außerdem ist Sonntag, aber Kaffee kann ich ja trotzdem schon mal kochen. Nach einem für meine bessere Hälfte viel zu frühen Frühstück werfen wir die Leinen los.

Bei heiterem bis wolkigem Himmel dieseln wir gemütlich durch die Kanäle. Wir scheinen wirklich früh unterwegs zu sein, an all den hafenfernen Übernachtungsplätzen liegen immer noch Charterboote. Hier und da zeigt sich ein ungekämmtes, verschlafenes Crewmitglied an Deck, von anderen Booten wird uns vom ordentlich gedeckten Frühstückstisch auf dem Achterdeck fröhlich zugewinkt. Die Bekleidung der Charterskipper oder Bootseigner reicht vom ausgebeulten Jogginganzug, der wohl eben noch als Schlafanzug fungiert hat, bis zur weißen Hose mit Bügelfalte und blauem Clubsakko.

Wir nähern uns langsam Akkrum, hier erwartet uns die erste Passage durch eine bewegliche Brücke. Natürlich ist die Eisenbahnbrücke bei unserer Ankunft geschlossen, und während Andrea am Ruder steht, hantiere ich mit Fender und Festmacherleine. Hinter zwei anderen Booten erwische ich die letzte freie Wartedalbe. Es gelingt mir, das Boot mit der Bugleine an der Dalbe zu halten, indem ich die Leine an der Klampe mittschiffs auf Slip lege.

Bei dieser Brücke handelt es sich um eine Drehbrücke, der Schwenkmechanismus ist im Brückenpfeiler in der Mitte des Kanals angebracht und schwenkt beim Öffnen die Fahrbahn horizontal um neunzig Grad. Hier braucht man nicht auf den Gegenverkehr zu achten, da der Pfeiler die Fahrtrichtungen trennt und jeder aus seiner Sicht rechts fährt.

Eines der beiden roten Lichter an der Brücke erlischt, die Öffnung der Brücke wird also vorbereitet, ich lockere meine Leine. Als die Durchfahrt mit zwei grünen Lichtern freigegeben wird, gibt auch die Regenwolke über uns ihre Last frei. Plötzlich und unerwartet stehe ich auf dem Vordeck im Platzregen. Ich kehre in den Steuerstand zurück, und mittlerweile verhindern völlig überforderte Scheibenwischer jede klare Sicht voraus. Nach einem Blick auf die Wasserkarte stecke ich den Kopf seitlich aus dem Persenningreißverschluss, so werde ich zwar nass, aber die Sicht ist erheblich besser. Wir suchen den Passantenhafen von Akkrum und finden ihn irgendwann nach einer anstrengenden Fahrt durch immer enger werdende Grachten. Der Platzregen hat sich inzwischen in einen vermutlich länger anhaltenden Landregen verwandelt, die Scheibenwischer arbeiten jetzt einigermaßen akzeptabel, und ich kann den Kopf wieder einziehen. Einen Liegeplatz finden wir leider nicht, in der Nachsaison scheinen die Einheimischen ihre Boote in den Passantenhafen zu legen.

Andrea hat die Nase voll: »Übernimm du das Ruder, auf dieser kleinen Pfütze drehe ich das Boot nicht, ich bin schon froh, dass ich in dem engen Kanal niemanden gerammt oder versenkt habe.«

Recht hat sie. Wäre der Kanal eine Straße, müsste an der Einfahrt ein Schild stehen: »Sackgasse, keine Wendemöglichkeit.«

Andrea hängt die Fender beidseitig außenbords. Ob das mehr oder weniger seemännisch aussieht, ist mir in diesem Augenblick egal. Besser ein Anfänger ohne Schrammen im Schiff als ein stolzer Fahrensmann auf einem verbeulten Eimer.

Schub voraus, Ruder legen, aufstoppen, Schub zurück, Ruder legen, aufstoppen, Schub voraus, Ruder legen, aufstoppen, Schub zurück, Ruder legen, aufstoppen!

Als das Boot unbeschädigt gedreht hat, bin ich nassgeschwitzt von der Kurbelei am Rad und von der Angst, manchmal liefen die Manöver wirklich sehr, sehr knapp. Andrea sieht etwas blass aus, als ich die Fahrt aus dem Labyrinth aufnehme.

Unsere Planung, in Akkrum zu übernachten, ist ja nun mangels Liegeplatz hinfällig, wir beschließen deshalb, auf einer neuen Route nach Terhoerne zurückzufahren und dort zu übernachten. Dieser Kurs führt uns als Erstes vor eine typische holländische Zugbrücke, die Brücke ist geschlossen, das Brückenhaus nicht besetzt. Wir fahren also im Kanal ein kleines Stück weiter, wenden und machen unser Boot im Wartebereich am Ufer fest. Der Brückenwart hat Mittagspause und wird frühestens in einer Stunde zurück sein. Auch gut, schließen wir das Boot ab und vertreten uns im Ort etwas die Beine.

Kurz vor Öffnung der Brücke machen wir die Leinen los und fahren zu einer Warteposition, ich stehe mit dem Brückengeld in der Hand auf dem Vorschiff, die Brücke öffnet sich. Andrea gibt langsam Gas, wir haben uns in eine vorfahrtsberechtigte Position gebracht, wir sind quasi Rechtsabbieger. Warum mich die anderen Wartenden anhupen und mir Handzeichen geben, begreife ich erst, als sich unser Bug um die alte Trauerweide vor der Brücke dreht. Die bisher nicht sichtbaren Lichtzeichen geben dem Gegenverkehr den Vorrang.

»Aufstoppen! Volle Kraft zurück!«

Andrea versteht nichts – wie sollte sie auch. Am Ruder steht sie ja direkt über der lauten Maschine. Meine Handzeichen nützen auch nichts. Wie von der Tarantel gestochen turne ich über das nasse Deck, am Einstieg zum Steuerstand rutsche ich natürlich aus.

Der Schmerz im verdrehten Knie und an den eingeklemmten Unterarmen muss warten. »Aufstoppen! Volle Kraft zurück!«, brülle ich Andrea an.

»Wieso, was ist los?« Mit großen Augen sieht mir meine Frau zu, wie ich grotesk verdreht halb im Boot und halb außenbords vor ihr hänge.

»Abdrehen, abdrehen, Gegenverkehr!«, brülle ich.

Endlich reagiert sie. Das alles läuft in wenigen Sekunden ab, aber in meiner schmerzhaften Zwangshaltung kommt es mir wie Stunden vor.

Wir drehen ab und fahren in den Kanal zurück, wo wir niemanden mehr behindern. Ich schaffe es erst jetzt, mich ins Boot zu ziehen, mein rechtes Knie schmerzt höllisch, und an meinen Unterarmen färben sich die Abdrücke der Dachkante blau bis lila ein. Sicher, es wäre weniger schmerzhaft gewesen, mich ins Wasser fallen zu lassen, nach Karte hätte ich problemlos stehen können, aber ich bin mir der Funktionsweise unserer Bordtoilette stets bewusst, und die Sommersaison ist gerade erst ein paar Wochen vorbei. Charterboote, egal welcher Größe, sollten mit Fäkalientanks ausgestattet sein, auch die kleinen.

Andrea sieht mich besorgt an, ich erkläre ihr die Situation an der Brücke.

Es hilft nichts, wir müssen durch diese Brücke. Zweiter Anlauf mit vertauschten Rollen. Alleine auf meinen zwei Beinen am Steuer stehen kann ich nicht, die Schmerzen in meinem Knie sind schon mehrfach explodiert, während ich zum Steuerstuhl humpelte – jetzt sitze ich halb, halb stehe ich am Ruder. Mein rechtes Bein baumelt lässig in der Luft, mein linkes steht fest auf dem Boden. Vor meinem geistigen Auge erscheinen Bilder von alten Piraten mit Holzbeinen und Eisenhaken am Armstumpf, doch ich schlage die Enterversuche meiner Fantasie erst einmal in die Flucht, denn ich muss mich auf die Brückendurchfahrt konzentrieren.

Andrea wartet mit dem Brückengeld auf dem Vorschiff. Als wir in den Sichtkreis des Brückenwärters kommen, gibt dieser sofort das Signal »Brücke öffnet« und anschließend »Durchfahrt frei«. Er verlässt sogar trotz des Nieselregens sein Brückenhaus und erkundigt sich nach unserem Wohlbefinden, kassieren hätte er mit seiner Holzschuhangel auch vom Haus aus können. Muss ja ein eindrucksvolles Bild gewesen sein, das ich da abgegeben habe.

Die weitere Fahrt verläuft reibungslos, Andrea übernimmt wieder das Ruder, und ich hantiere zum zweiten Mal an diesem

Tag mit der Bordapotheke und verarzte mein geschwollenes Knie mit einem kühlenden Gel, das ich in dunkler Vorahnung eingepackt habe. Zum Anlegemanöver in Terhoerne übernehme ich wieder den Steuerstand. Für kein Geld der Welt möchte ich heute mit der Festmacherleine auf den Steg springen.

Außer uns liegt nur noch ein Boot am Steg, unser Anlegemanöver klappt im ersten Anlauf, Leinen fest, Motor aus, Feierabend für heute. Ich humple hinter Andrea her die fünfzig Meter zum Bistro am Ende des Anlegers, wir bezahlen unsere Liegegebühr und decken uns für den nächsten Morgen mit Duschmarken ein. Da ich nach diesem Tag keinen überflüssigen Schritt mehr machen will, essen wir im Bistro zu Abend. Anschließend wollen wir uns noch ein paar Bier und den einen oder anderen Genever gönnen, um die Schrecken des heutigen Tages zu vertreiben.

Wasser im Schiff

Das Bistro ist jetzt bis auf wenige Plätze gefüllt, was auch daran liegt, dass das Publikum von der Terrasse in den beheizten Raum flüchtete, als ein neuerlicher, kurzer Regenschauer losbrach. Versonnen schaue ich durch das Panoramafenster auf die in der Dämmerung immer dunkler werdende Wasserfläche, in der sich die Beleuchtung der Uferstraße verzerrt spiegelt. Zwei tanzende Fahrradlampen bewegen sich auf mich zu, ich identifiziere zwei Miniklappräder, wie sie in den Katalogen von Bootsausrüstern immer wieder angeboten werden. Zusammengeklappt soll so ein Rad in einen größeren Aktenkoffer passen.

Die Radfahrer sind in schwere Wetterjacken gehüllt, erst nachdem sie diese abgelegt haben, lassen sie sich als älterer Herr um die Sechzig in Begleitung einer Mittfünfzigerin identifizieren. *Er* ist mit einer hellen Hose bekleidet, die an den Hosenbeinen deutliche Spuren des Regens aufweist, dazu trägt er ein dunkelblaues Sportsakko, an dessem linken Revers eine emaillierte Vereinsnadel blinkt. *Sie* trägt einen sportlichen, dezent Ton in Ton abgestimmten Freizeitanzug. Suchend sehen sich die beiden nach einem freien Tisch um – leider Fehlanzeige. Daraufhin steuern sie zielstrebig unseren Tisch an und fragen höflich, ob noch zwei Plätze frei sind. Als wir zustimmen, nehmen sie Platz.

Unsere Tischnachbarn entpuppen sich als Urlaubsgäste aus Brilon. Er ist Geschäftsführer im Ruhestand eines mittelständischen Betriebes der Autozulieferbranche, sie die treu sorgende Ehefrau.

»Ach, Sie kommen auch aus Deutschland, das erleichtert die Unterhaltung ja erheblich, Reinders, Gerda und Klaus Reinders«, stellt die Ehefrau vor, »wissen Sie, mein Mann spricht ja fast fließend Niederländisch, aber ich hab' es noch nicht begriffen.«

Andrea antwortet ihr höflich und stellt uns kurz vor.

»Sagen Sie, junger Mann, Sie haben doch schon gegessen. Können Sie mir etwas empfehlen?«, greift nun Herr Reinders ins Gespräch ein.

Im ersten Moment reagiere ich nicht, sondern drehe mich suchend um. Okay, ich bin jünger als Herr Geschäftsführer i. R., aber die Anrede »junger Mann« bin ich eigentlich nur von den Fleischfachverkäuferinnen meiner heimischen Metzgerei gewöhnt, und die reden selbst achtzigjährige männliche Kunden so an.

»Die Hühnchenspieße in Saté könnte ich Ihnen empfehlen, wenn Sie Erdnusssoße mögen, die Beilagen sind reichlich und gut«, antworte ich, nachdem ich die Schrecksekunde überwunden habe.

Frau Reinders ordert einen Salatteller mit Putenbrust, nicht ohne entschuldigend etwas von wegen der Linie zu murmeln. Ihr Gatte folgt meiner Empfehlung.

»... zwei große Bier und einen doppelten Alten Genever, bitte. Ich muss den Ärger mit dem Boot runterspülen«, fügt er erklärend hinzu.

Ärger mit dem Boot? Ich werde sofort hellhörig, selbst mein immer noch schmerzendes Knie tritt jetzt schlagartig in den Hintergrund.

Während das Essen serviert wird und die Eheleute speisen, erfahren Andrea und ich, dass die beiden aktive Mitglieder eines Motorbootclubs im Hochsauerland sind. Sie besitzen in einer

Marina in der Nähe von Terhoerne eine Eigentumswohnung mit Bootsgarage und natürlich eine eigene 9-Meter-Motoryacht.

Solche Eigentumswohnungen mit Bootsgaragen habe ich im Industriegebiet von Irnsum gesehen. Von der Landseite führt eine Außentreppe in die erste Etage und im Erdgeschoss eine Tür in das »Bootshaus«. Von der Wasserseite kann der stolze Besitzer sein Boot durch ein mit Fernbedienung gesteuertes Rolltor direkt unter sein Wohnzimmer manövrieren. Immer schon habe ich mich gefragt, wer sich so etwas leistet, jetzt weiß ich es: Geschäftsführer mittelständischer Betriebe im Ruhestand.

»Wirklich gut«, Herr Reinders hat die drei Fleischspieße inklusive aller Beilagen vertilgt und mehrere Bier und einen weiteren Genever folgen lassen. Er sieht bereits erheblich zufriedener aus als noch vor einer guten Stunde.

»Sie sind auch mit dem Boot unterwegs?«, Andrea ist genauso neugierig wie ich.

»Ach, Sie auch? Ich habe Sie drüben im Yachthafen gar nicht gesehen«, stellt Frau Reinders fest.

»Nein, wir liegen mit unserem Charterboot hier vorne am Passantensteiger, so habe ich das Boot hier vom Tisch aus im Blick«, steige ich ins Gespräch ein.

»Chartern, ja, das ist kostengünstiger und nicht so arbeitsintensiv wie ein eigenes Boot. Wir haben mit unserem zurzeit ein Problem – Wasser im Schiff«, Herr Reinders macht missmutig die zweite Hälfte eines weiteren Doppelten nieder.

Dann versucht Frau Reinders die so niederschmetternden Ereignisse zu schildern. Das Ehepaar kam nämlich bereits Anfang letzter Woche in seiner Eigentumswohnung mit Bootsgarage an, und Herr Reinders, ehemaliger begeisterter Hochseesegler, nun aus Gesundheitsgründen zum früher verachteten Motorbootskipper mutiert, freute sich auf einen mehrwöchigen Törn durch die Kanäle Nordfrieslands, das IJsselmeer und, bei gutem Wetter, vielleicht sogar zu den niederländischen Nordseeinseln. Während der Törnvorbereitungen stellte der Skipper dann fest, dass sein Schiff Anspruch auf die routinemäßige jährliche Inspektion hatte. Kurz und gut, ein Servicebetrieb war schnell gefunden, das Boot wurde törnklar beladen und in die Werft gebracht. Und heute sollte es aufs Wasser gehen.

Als das unternehmungslustige Seefahrerpaar am Morgen in die Werft am Yachthafen kam, stand das Boot aber immer noch unter dem Kran an Land. Nach mehreren Telefonaten erschien der Werftleiter, der zum Glück auf dem Gelände wohnte, und entschuldigte sich mehrfach, dass seine Leute wohl ins Wochenende gegangen waren, ohne das Boot zu wassern. Leider konnte aber nur der Hafenmeister den Kran bedienen.

Doch nach ein paar weiteren Telefonaten durch den Werftleiter höchstpersönlich kündigte sich der Hafenmeister an, nicht ohne schon mal Anweisungen gegeben zu haben, wie das Boot ins Krangeschirr zu hängen sei.

Bei den nun folgenden Arbeiten versaute sich Herr Reinders seinen sonntäglichen Freizeitkapitänsclubblazer, und die Zornesfalten sowie die durch die ungewohnte Anstrengung ebenfalls auf seiner Stirn hervortretenden Adern ließen ihm seine weiße Skipperkappe zu eng werden. Als endlich der Hafenmeister erschien, die Anbringung des Krangeschirrs begutachtete und das Boot mit wenigen Handgriffen an der Kransteuerung ins Wasser setzte, wäre Frau Reinders beinahe mit im Hafenbecken gelandet, da sie die Länge der von ihr geführten Sicherungsleine zum Boot sehr knapp bemessen hatte. Doch es ging gerade noch gut, und nachdem das Krangeschirr entfernt und der Kran wieder auf seinen alten Platz zurückgefahren worden war, verabschiedete sich ein fröhlicher Hafenmeister, dessen Sonntagsstaat von keinem Stäubchen, Wasser- oder Öltröpfchen befleckt worden war, von den drei ziemlich derangierten Personen auf der Hafenmole. Mit dem Hinweis, er brauche jetzt dringend eine Dusche, machte sich auch der Werftleiter aus dem Staub, nicht ohne noch eine gute Fahrt zu wünschen, versteht sich.

»Junger Freund, wir sind doch alle Wassersportler, ich bestelle uns jetzt mal vier Alte Genever, und dann trinken wir auf das Du«, unterbricht Herr Reinders die Schilderungen seiner Frau.

Andreas und meinen Einwand, dass wir den Jungen Genever bevorzugen – wir hatten jeder schon zwei von der jungen Sorte und trinken nicht gern verschiedene Schnäpse durcheinander, ich habe da aus meiner Bundeswehrzeit eine unangenehme Erinnerung an den Morgen danach, jedoch nicht an den Abend davor -, übergeht der agile Herr geflissentlich, und die Bedienung erscheint umgehend mit vier Bieren und natürlich mit vier doppelten Alten Genevern.

Nach dem üblichen Verbrüderungsritual: »Ich bin der Klaus, meine Frau heißt Gerda.« – »Andrea und Jürgen.« – »Prost.« – »Anstoßen und ex«, verzichten wir allerdings auf das dazu gehörende »Küsschen – Küsschen«, da alle Beteiligten bereits leichte Schwierigkeiten haben, sich vom Stuhl zu erheben.

Mein Versuch, als Nächstes einen großen Becher Kaffee zu bestellen, stößt allgemein auf Unverständnis, aber diesmal setze ich mich durch.

Gerda fährt fort, uns von den weiteren Ereignissen des Schreckenstages zu berichten: »Nachdem das Boot im Wasser war, sind wir losgefahren. Klaus wollte am Abend in Lemmer sein, um gleich am nächsten Morgen ins IJsselmeer zu schleusen. Gegen Mittag haben wir in Heeg angelegt, danach sind wir in unser Lieblingsrestaurant zum Essen gegangen.«

»Jawohl! Und als wir nach etwa einer guten Stunde zurückkommen, traue ich meinen Augen nicht. Das Boot pumpt jede Menge Wasser ab, die automatische Bilgepumpe arbeitet auf Hochtouren«, die Aufregung ist Klaus trotz der mittlerweile etwas undeutlich gewordenen Aussprache anzumerken. »Ich an Bord, die Bodenplatte hoch, da schwappt mir die Brühe in der Bilge rum.«

»Wir haben unsere Pläne natürlich sofort geändert, die Werft angerufen und uns auf den Rückweg gemacht«, setzt Gerda fort. »Während der Fahrt haben wir dann bemerkt, dass die Bilge trocken wurde, in Bewegung nahmen wir also kein Wasser.«

»Und dann bringt uns der Wasserschutz mitten auf dem Heegermeer auf, zwingt uns zu stoppen, längsseits zu gehen und den Motor abzustellen – Routinekontrolle von Sportbooten«, Klaus wirkt verzweifelt. »Erst als meine Bilgepumpe wieder ansprang, haben sie mir geglaubt, dass wir Probleme haben und ich deshalb vielleicht ein wenig zu schnell war.«

»Wo habt ihr das Boot denn jetzt?«, will ich wissen.

»Es hängt wieder im Kran, heute Nacht kann es also nicht untergehen. Als wir im Hafen angekommen sind, wurden wir schon vom Werftleiter und dem Hafenmeister an der Box erwartet. Wir haben das Boot in die Krangurte gehängt und ein bisschen angehoben«, beschließt Gerda den Bericht zum Tage.

»Vor der Inspektion war alles in Ordnung und jetzt so ein Theater«, Klaus steht der Zorn knallrot ins Gesicht geschrieben. »Das Problem muss an der Durchführung der Antriebswelle durch den Rumpf liegen. In Fahrt tritt kein Wasser ein, aber steht die Welle, säuft das Boot ab. Sollen sich doch die Mechaniker morgen die Köpfe zerbrechen und die Finger klemmen.«

»Ich hoffe doch, dass die Reparatur auf Kulanz gemacht wird«, springe ich ihnen in ihrer Not bei. »Schließlich ist der Fehler ja erst nach der Inspektion aufgetreten.«

»Da gehe ich von aus«, donnert Klaus. »Hast du dir auch schon mal überlegt, ein Boot zu kaufen? Lass es, sag' ich dir, es sei denn, du hast viel Geld über. Der Spaß rechnet sich nämlich niemals, niemals, sag' ich dir.«

Jetzt erst fällt mir auf, dass wir so ziemlich die letzten Gäste im Bistro sind. Ein junger Mann steht noch an der Theke und flirtet heftig mit unserer Bedienung. Seine Blicke in Richtung unseres Tisches drücken allerdings Ungeduld und Missmut aus, wahrscheinlich haben die beiden noch etwas Besseres vor, als darauf zu warten, dass wir bezahlen und das Feld räumen.

Andrea macht sich auf den Weg zur Toilette, und Gerda folgt ihr. Nie werde ich verstehen, warum Frauen immer zu mehreren verschwinden.

»Hör mal, Jürgen«, Klaus beugt sich zu mir über den Tisch, und seine Zunge ist im Laufe des Abends noch viel schwerer geworden, »ich sehe doch, dass ihr glücklich verheiratet seit. Bin ich auch seit fast vierzig Jahren, aber pass auf: Pfleg dein Hobby, Wassersport ist 'ne dolle Sache. Als ich in den Ruhestand ging, hab' ich eins gelernt, eine glückliche Ehe ist Gold wert, kann aber auch tödlich langweilig werden – Themenwechsel, die Damen kommen.« Wir bezahlen unsere Rechnung, bevor der Freund der Bedienung uns Prügel androht. Gerda und Klaus schieben ihre Räder in Richtung Yachthafen, Andrea und ich klettern an Bord unseres Bootes, froh von solchen Problemen frei zu sein.

Zugegeben, in manchen Momenten bin ich etwas neidisch auf die Eigner großer Motoryachten, doch nun tröstet mich ein Gedanke: Große Boote, große Sorgen, und große Sorgen sind immer teure Sorgen. Das Leben als Charterkunde hat also doch seine Vorteile. Dann fallen Andrea und ich rechtschaffen erledigt in die Koje.

Mal wieder Sneek

Wir haben in dieser Nacht verständlicherweise ungewöhnlich lange, aber gut geschlafen und stehen erst spät am nächsten Morgen wieder auf den Beinen. Während Andrea Kaffee kocht und das Frühstück vorbereitet, gehe ich Brötchen besorgen. Keine gute Idee, denn auf dem Rückweg vom Bäcker beschwert sich mein Knie laut und deutlich. Also überlegen wir, ob wir nicht besser einen Hafentag einlegen sollen, um mich zu schonen. Da Terhoerne sehr klein ist und für den gesunden Teil der Mannschaft auch kaum Abwechslung bietet, entschließen wir uns aber doch, nach Sneek aufzubrechen. Dort kennen wir uns ja ein wenig aus, und mir schwebt auch schon ein bestimmter Liegeplatz vor.

Es ist Montag, die Berufsschifffahrt ist wieder in vollem Gange, vorsichtig reihen wir uns in den Verkehr auf dem Prinses Margriet Kanaal ein, passieren die große Schutzschleuse zum Sneekermeer. Am Ende der Durchfahrt wartet eine riesige Wasserfläche, die Sonne bricht durch die dünne Wolkendecke und taucht den Binnensee in ein malerisches mattgoldenes Licht. Andrea steht am Ruder, ich habe eine Position gefunden, die meine Schmerzen erträglich werden lässt, und kümmere mich um die Navigation. Himmel, was für ein Aufriss: Segelboote, Motoryachten, offene Sportboote, Tankschiffe und Frachtkähne, alles scheint irgendwie kreuz und quer und durcheinander zu fahren. Wir halten uns strikt an der äußersten rechten Seite der gekennzeichneten Fahrrinne, so haben wir automatisch Vorfahrt vor allen Fahrzeugen, die den Wasserweg queren wollen. Mit dem Fernglas versuche ich die Beschriftung der Tonnen zu erkennen, denn an der rot-grünen Tonne H01 – PM60 müssen wir unser Fahrwasser nach Steuerbord verlassen, um in den Kanal zur Sneeker Stadtmitte einzufahren.

Plötzlich nähert sich von Steuerbord eine Segeljolle, das Boot ist rot, gelb und grün lackiert, das Segel zeigt die gleichen Farben mit einer Cannabispflanze in der Mitte, und der kleine Außenbordmotor am Heck leistet Schwerstarbeit, um das mit drei jungen Leuten besetzte Boot voranzubringen. Einen Schandkegel kann ich allerdings nicht entdecken. Als ich den Namen des Bootes am Heckspiegel erkennen kann, nachdem recht waghalsig unser Kurs gekreuzt wurde, lachen Andrea und ich wie auf Kommando laut los. Der Name des Bootes lautet MARIE HUANA.

Dann sind wir bei der gesuchten Tonne, Andrea ändert unseren Kurs, und sofort reduziert sich die große Verkehrsdichte auf ein angenehmeres und überschaubares Maß. Andrea muss aufs Vordeck und das Anlegemanöver vorbereiten, ich übernehme das Ruder. Herumzuturnen, die Fender auszubringen und die Leinen bereitzulegen, das ist heute natürlich nicht mein Ding. Wir passieren jetzt schon die Außenbezirke der Stadt, mir schwebt jedoch ein Liegeplatz vor dem Bistro Albatros vor, denn es liegt am Kanalufer auf der Seite zur Altstadt, direkt neben einer gepflegten Sanitäreinrichtung für Bootstouristen.

Es sind dann auch noch ein oder zwei Liegeplätze frei, doch Andrea schüttelt bedauernd den Kopf: »Hier müssten wir zwischen zwei Pollern durch und mit dem Bug zur Mole festmachen und das Heck an den Pollern vertäuen. Lass uns nach den Erfahrungen von gestern nicht übermütig werden.«

Sie hat Recht, je näher ich an die Boxen heranfahre, um so kleiner und enger kommen sie mir vor. Notgedrungen legen wir also am gegenüberliegenden Ufer seitlich an. Platz ist genug, denn am frühen Nachmittag und bei diesem schönen Wetter sind die meisten Boote noch auf dem Sneekermeer unterwegs. Der Rest ist Routine. Wir sind landfest, Bug- und Heckleine werden mit ordentlichen Kopfschlägen auf den Klampen belegt, die Springleinen ebenfalls. Die Fender hängen, wo sie hingehören, Maschine aus, Mäuseklavier aus, Batterieschalter auf eins, wir sind da, und erfreulicherweise wissen wir sogar, wo wir sind.

Andrea sitzt im Salon des Bootes und beschäftigt sich mit Kreuzworträtseln, ich sitze im Steuerstand, reibe mein geschwollenes Knie mit Gel ein, anschließend stecke ich meine Nase in ein Buch von Bobby Schenk mit dem bezeichnenden Titel ›Sicherheit an Bord‹. Besser spät als nie. Das verspätete Mittagessen fällt bewusst bescheiden aus, denn wir haben für den Abend schon einen Restaurantbesuch geplant. Aber nach einer Stunde wird uns langweilig, und wir beschließen, schon jetzt aufzubrechen.

Es ist voller geworden an der Mole, als wir in Richtung Altstadt gehen. Plattbodenschiffe mit Jugendgruppen an Bord liegen neben teuren Charteryachten unterschiedlicher Größe und Ausstattung, am Kai herrscht jetzt enorme Betriebsamkeit. Doch alle Boote halten einen respektvollen Abstand zu unserer EVA III. Haben wir vielleicht die Pestflagge am Mast? Irritiert setzen wir unseren Weg fort.

Kurz bevor wir die Kanalbrücke zur Innenstadt von Sneek erreichen, beschwert sich mein Knie wieder heftig, was vermutlich an dem historisch wertvollen, aber holprigen Pflaster liegt. Deshalb beschließen wir, die Gaststätte an der Straßenkreuzung für eine Pause zu nutzen, und lassen uns im Windschatten der Fachwerkfassade in der warmen Spätnachmittagssonne nieder. Das bunte Treiben an und auf der Brücke zur Innenstadt weckt unsere Aufmerksamkeit. Angler stehen gelassen im Trubel von Fahrradfahrern, jeder Menge Fußgängern und Autos am Brückengeländer. Der gesamte Verkehr muss durch das Nadelöhr, welches diese Brücke nicht nur während der Rushhour bildet.

Auf unserer Kanal- bzw. Straßenseite kommen drei Männer mittleren Alters in Seglerkleidung auf das Gasthaus zu. Nach einem kurzen Gespräch mit der Wirtin beginnen sie unter enormer Geräuschentwicklung, aus den vorhandenen Tischen eine Tafel für mindestens dreißig Personen zusammenzustellen.

»Ich glaube, da ist ein riesiges Plattbodenschiff angekommen. Hier wird es gleich recht lebhaft werden«, wende ich mich an mein Ehegespons.

»Dann lass uns lieber noch was bestellen, bevor wir nachher ewig warten müssen«, antwortet sie praktisch wie immer.

Die Tafel neben uns füllt sich schlagartig, das stetig anschwellende Stimmengewirr scheint irgendwann sogar den Straßenlärm zu übertönen, und Andrea und ich versuchen zu ergründen, in welcher Sprache sich unsere Nachbarn unterhalten. Die buntgemischte Gruppe aus Männlein und Weiblein im Altersspektrum von vierzehn bis sechzig Jahren macht einen Höllenspektakel.

»Skandinavier?«, flüstert Andrea mir zu.

»Nein, vielleicht Schweizer oder Österreicher. Ich glaube, ein paar deutsche Wörter verstanden zu haben«, flüstere ich zurück, denn die Leute sind uns ziemlich auf die Pelle gerückt und sollen ja nicht mitbekommen, dass wir über sie reden.

Andrea zwinkert mir zu: »Sachsen?«

Nebenan entbrennt eine heftige Diskussion mit der Bedienung. Ein Teil der Gäste möchte Pfannkuchen in verschiedenen Variationen bestellen, doch diese stehen nur auf der Snack-Karte, nach

17:00 Uhr gilt aber die Menü-Karte, und es ist schon fünf durch. Die Bedienung gibt sich jedoch nach einer verbissenen Diskussion angesichts der Übermacht geschlagen und erklärt sich bereit, mit Küche und Wirtin zu verhandeln.

Die Wirtin erscheint und vergisst sofort jeden Widerstand, als sie die Größe der Gruppe erfasst hat. Mit überschwänglich freundlichen Worten begrüßt sie ihre Gäste, nicht ohne mehrfach auf die große Ausnahme hinzuweisen, die sie mit der Abweichung von der Menü-Karte macht. Wir bestellen schnell noch ein großes Bier, der Fortgang der Verhandlungen interessiert uns jetzt.

»Ach, Sie sind auch aus Deutschland?«, spricht uns eine junge Frau an.

Ich bejahe ihre Frage. In den Niederlanden Landsleute zu treffen, habe ich bisher nicht als etwas derart Besonderes erachtet.

»Wir kommen ja alle aus Württemberg«, erklärt sie.

»Ach, dann sind Sie sicher mit so einem großen Plattbodenschiff unterwegs«, klopfe ich mal versuchsweise auf den Busch.

»Nein, nein, wir sind Jollensegler und mit unserer Flottille aus zwölf Booten hier eingefallen«, erklärt uns ihr Nachbar. »Wir sind eine Seglergemeinschaft und haben uns am anderen Ende des Sneekermeeres eingenistet. Normalerweise machen wir nur Tagestouren, aber heute ist ein Zwei-Tage-Törn angesagt, übernachtet wird an Bord. Persenning über den Baum und ab in den Schlafsack – wir mögen's immer zünftig, nicht wahr, Birgit?«

Birgit antwortet nicht, sondern wickelt sich demonstrativ ihren Pullover enger um die Schultern.

Die Gruppe diskutiert nun angeregt die Segelmanöver und Beinahezusammenstöße des vergangenen Tages durch, Ruhe kehrt erst ein, als die ersten Essen serviert werden: holländische Frikadellen und Kroketten mit Pommes frites, jede Menge Pfannkuchen in unterschiedlichen Geschmacksrichtungen, dazu ein riesiges Tablett mit verschieden Sirupsorten und Puderzucker im Streuer.

Andrea und mir wird jetzt etwas kühl, der Wind hat gedreht, und unser bisher gemütlicher Sitzplatz ist zugig geworden. Leider hat die Bedienung kein Auge mehr für uns, da immer neue Pfannkuchen am Nebentisch aufgefahren werden müssen. Erst als vorübergehend eine gefräßige Stille eintritt, ergibt sich für uns eine Chance. Doch die Bedienung und Frau Wirtin gehen lieber für eine Zigarettenlänge auf Tauchstation. Am Tisch nebenan wird weiter heftigst mit Ketchup-, Sirup- und Majonäseflaschen sowie mit Pfeffer-, Salz- und Puderzuckerstreuern hantiert.

»Mensch, Birgit, pass doch mit dem Puderzucker auf! Der Wind hat die ganze Ladung auf meine Pommes geweht, süße Pommes, igitt!«

Birgit zuckt erschrocken mit den Schultern, während eine erboste Stimme aus der württembergischen Seglergemeinde schreit: »Wie kommt denn der Pfeffer auf meinen Apfelpfannkuchen? Also nee, Leute!«

Wir hinterlassen das Geld für unsere Zeche einfach auf dem Tisch und fliehen. Bisher war ich immer davon ausgegangen, Segler müssten wissen, woher der Wind weht. Satt und müde beschließen wir, uns wieder einmal den Luxus eines Taxis für den Rückweg zu gönnen.

Im Auto kehren unsere Lebensgeister langsam zurück, und wir wollen noch irgendwo einen Absacker nehmen, schließlich haben wir Urlaub.

Der Taxifahrer erklärt uns: »In der Nähe Ihres Bootes gibt es keine Kneipe und auch keinen Krug. Sie liegen ja schließlich schön ruhig vor einer der größten Seniorenwohnanlagen ganz Frieslands, und niederländische Senioren bleiben abends lieber zu Hause.«

Etwas vorwurfsvoll fügt er hinzu: »Ihr Boots- bzw. Chartertouristen bringt ja sowieso immer eure ganze Verpflegung und die Getränke von zu Hause mit und hockt nur auf den Booten rum. Die Skipper könnten ruhig ein paar Gulden mehr im Land ausgeben.«

»Wie kommen wir denn dann in Ihren Wagen, wenn alle nur an Bord hocken?«, wende ich etwas angesäuert ein.

»Ihre paar Kröten machen unser Kraut noch lang nicht fett«, gibt der Kerl zurück.

Ich bezahle die Fahrt, drehe mich zum Boot um und traue meinen Augen kaum.

Vor unserem Bug hat sich noch ein 14-Meter-Kreuzer an den Anleger gequetscht, und unser Bugkorb hat kaum mehr als einen knappen Meter Spielraum zu seinem Heck. Auch unser Achterdeck wird von einem Riesenpott bedrängt. Während wir aber mit einem Schritt nach unten auf unser Deck gelangen können, haben die beiden Nebenlieger Laufplanken ausgelegt, die im Takt der Wellen über den Asphalt des Uferweges schrammen. Zum Glück ziehen unsere neuen Nachbarn ihre Zugbrücken ein, als sie zurückkommen, und dann wird es merklich ruhiger auf dem Anleger.

Noch mal unsere Leinen kontrollieren, dann wollen wir den Abend an Bord ausklingen lassen, zum Glück leiden wir ja nicht mehr an Platzangst – fast nicht mehr – und fühlen uns als erfahrene Skipper. Aber dann dringt andauerndes leises Gemurmel durch die geöffnete Luke im Vorschiff an mein Ohr. Ich kann beim besten Willen nicht ausmachen, woher diese Stimmen kommen. Nervös geworden, verlasse ich den Salon und klettere des besseren Überblicks willen auf das Dach unserer Achterkajüte.

Im Schein der fahlen Molenbeleuchtung liegt ungefähr ein Dutzend Jollen an der Pier gegenüber, alle sind ordentlich mit einer Persenning abgedeckt. Auf einigen Booten dringt der Schein einer Taschen- oder Petroleumlampen durch die Plane, schemenhafte Schatten von Menschen in stark gebückter Haltung oder auf allen Vieren lassen sich erahnen. Auf der Mole kämpfen mindestens nochmal zwölf bis fünfzehn Personen mit Luftmatratzen, Isomatten und Schlafsäcken, und ein paar andere scheinen sogar an Bord der Jollen mit der Tücke des Objekts zu ringen, denn einige der Boote schwanken bedenklich.

»Die württembergische Seglergemeinschaft!«, murmele ich verzweifelt vor mich hin, als ich in unserem Salon auf Andrea treffe. Gemeinsam setzen wir uns mit einer Zigarette und einem Schlummertrunk wie im Theater in unseren abgedunkelten Steuerstand – was tut man nicht alles ohne Fernseher und Radio. Nach einer halben Stunde ist das äußerst unterhaltsame Abendprogramm vorbei, und auch wir schlüpfen in die Koje.

Hafentag

Hafentag, das heißt Schonung für mein Knie, keine Hektik, Ruhe, ausschlafen. – Denkste!

Irgendwer hämmert auf das Dach unserer Schlafkajüte. Ich bremse meinen Schwung gerade noch rechtzeitig, um nicht wieder an die niedrige Decke zu stoßen, springe in meine Jeans und öffne das Luk. Acht zeigt die Uhr am Steuerstand, und ich blicke direkt in das freundliche, glatt rasierte, strahlende Gesicht eines jungen Hafenbeamten.

»Guten Morgen, ausgeschlafen? Hafenmeisterei Sneek, ich kassiere die Liegegebühr. Wie lang ist Ihr Schiff, und wie viele Personen sind an Bord?«

»Acht Meter fünfundsiebzig, zwei«, brumme ich. Der lästige Kerl kann ja nicht wissen, dass ich morgens vor meiner ersten Tasse Kaffee und der ersten Zigarette eine Gefahr für meine Umwelt bin.

Er rechnet und will schon die Quittung ausstellen, als mich ein Geistesblitz durchzuckt. »Zweimal«, brumme ich weiter, »wir bleiben bis Mittwoch.«

»Sehr schön!« Er verdoppelt den Betrag, kassiert und macht sich auf, das nächste Schiff zu überfallen. Der Mensch schafft sich Freunde.

Ich platziere den Beleg gut sichtbar im landseitigen Seitenfenster des Steuerstandes, um gegen seine neuerliche Attacke am nächsten Morgen geschützt zu sein. So viel Elan und Spaß am Job ertrage ich zu unchristlicher Zeit kein zweites Mal.

Doch da ich nun schon einmal wach bin, kann ich auch Frühstück machen. Während das Kaffeewasser heiß wird, begutachte ich mein Knie, die Schwellung geht zurück, die schmerzfreie Bewegungsfähigkeit kommt langsam wieder. Ich schmiere es noch einmal opulent mit Gel ein. Glück gehabt, scheinbar keine ernsthafte Verletzung. Das Wasser kocht, aus der offenen Tür der Achterkajüte klingt gleichmäßiges, tiefes Atmen. Andrea schläft den Schlaf der Gerechten, denn wer schläft, sündigt bekanntlich ja nicht.

Ausgerüstet mit Kaffee, Zigaretten und meinem Buch mache ich es mir im Steuerstand gemütlich. Etwas lesen, zwischendurch aufs Wasser schauen, vor mich hin träumen, eigentlich geht es mir doch unglaublich gut.

Doch in diesem Moment wachen die ersten von der Jollenflotte auf. Einige brauchen den ganzen Weg zum Waschhaus, um wieder den aufrechten Gang zu erlernen, besonders bequem oder erholsam scheint die Nacht also nicht gewesen zu sein.

»Jürgen! Jürgen, wo steckst du?«, verschlafene erste morgendliche Laute meiner Frau dringen an mein Ohr.

»Das Frühstück ist fertig, du kannst also beruhigt aufstehen.«

»Was ist denn das für ein Krach?«

»Krach, was meinst du?«

»Na, das Geklopfe an Deck.« Die gediegene Morgenmuffeligkeit in ihrer Stimme ist nicht zu überhören.

»Der Hafenmeister hat vor einer Stunde die Liegegebühr kassiert.« Ich lege die Betonung auf die Zeitangabe.

»Ja, ja.« Ein verstrubbelter, blonder Haarschopf erscheint im Niedergang, und im Jogginganzug mit Handtuch und Waschbeutel unterm Arm macht sie sich endlich auf den Weg zum Sanitärhaus.

Als ich die Brotkrümel nach genossenem Mahl zur Wasserseite hin entsorge, wird unser Boot kurzfristig von Wasserhühnern, Enten und einer Horde – oder heißt es Schar? – Möwen belagert. Jedenfalls benehmen sie sich durchaus ähnlich geräuschvoll wie die Horde Segler. Doch nach einer Zugabe in Form eines vertrockneten Brötchens löst sich wenigstens die gefiederte Versammlung auf. Lediglich eine Ente marschiert mehrfach an der Landseite des Bootes auf und ab und schaut interessiert zu, wie wir den Abwasch erledigen.

Patsch, patsch, patsch, die Ente hat unser Schiff geentert. Mit neugierig vorgerecktem Kopf steht das Federvieh im Niedergang zum Salon.

»Ente gebraten in süßsaurer Soße?«, frage ich meinen Chefsmutje, während ich seelenruhig das große Brotmesser abtrockne.

»Spinnst du jetzt?«, lautet die entsetzte Antwort auf meine nicht ganz ernst gemeinte Frage. »Sieh zu, dass die Ente verschwindet. Jag sie von Bord, aber erschreck sie nicht. Wenn uns das Vieh aus Angst den Steuerstand versaut, machst du den Mist weg!«

Ich bin immer wieder überrascht, welche Schandtaten mir mein Eheweib zutraut, eigentlich sollte sie mich langsam besser kennen. Unter Zurücklassung des Brotmessers, nur mithilfe des Trockentuches überzeuge ich dann unseren Besuch galant, den Steuerstand zur Wasserseite hin zu verlassen und atme auf, denn außer ein paar feuchten Trittspuren hat unser Gast zum Glück nichts hinterlassen.

Unsere Nachbarn vorm Bug werden auch wach, umständlich bauen sie ihre Plastiksitzgruppe auf ihrem hohen Achterdeck auf, dabei beäugen sie uns von oben herab. Es sind tatsächlich nur zwei Personen auf diesem Riesenpott.

»Ich hab' gestern vom Taxi aus einen Riesensupermarkt gesehen, gar nicht weit weg. Da könnten wir uns ein bisschen frisches Gemüse besorgen«, dringt Andreas lockende Stimme aus den Tiefen des Vorratsschrankes an mein Ohr.

Sie liebt es, stundenlang durch große Geschäfte zu schlendern, hier und da nach allen möglichen nötigen und unnötigen Dingen zu schauen. Danach verlässt sie das Geschäft mit einem Salatkopf.

»Ich weiß nicht, ob ich meinem Knie schon so viel zumuten möchte, immerhin wollen wir heute Nachmittag noch mal in die Altstadt.«

Gerettet! Der restliche Vormittag gehört mir, Andrea macht ihren Gemüseeinkauf, wenn auch murrend, alleine.

Nachdem ich es mir gemütlich gemacht habe, versenke ich meine Gedanken wieder in meinem Sicherheitsbuch. Als Andrea nach einer guten Stunde wieder an Bord kommt, will sie mir ausführlich über die Beutemöglichkeiten im Einkaufszentrum berichten. Doch sie merkt schnell, dass ich ihr nur mit einem halben Ohr zuhöre und mit meinen Gedanken ganz woanders bin.

»Was ist dir denn über die Leber gelaufen?«, fragt sie.

Ich deute müde auf das offen auf dem Tisch liegende Buch.

»Was steht denn so Tragisches darin?«

»Karl Vettermann ist tot, er ist während eines Törns irgendwo vor Barbados bei Nacht ungesichert über Bord gegangen. Das war doch ein erfahrener Segler, und nun das!«

Ich fühle mich irgendwie ins Herz getroffen, denn Karl Vettermann, Autor mehrerer humoriger Bücher um die Segelabenteuer seines eigenwilligen Skippers B. A. Barawitzka soll ertrunken sein? Ich mag es nicht glauben. An vielen langen, grauen Herbstnachmittagen und ungemütlichen Winterabenden, wenn in dreißig Fernsehkanälen wieder nur hart und zielstrebig an der allgemeinen Volksverdummung gearbeitet wurde, haben mich Barawitzka, Vettermann, Rebitschek und die anderen Crewmitglieder in seinen Erzählungen vor tiefen Winterdepressionen bewahrt. Aber neue Abenteuer dieser sympathisch chaotischen Seglertruppe sind nun nicht mehr zu erwarten. Mein Mitgefühl geht so weit, dass es meiner heimtückischen Frau gelingt, mich nach dem Mittagessen widerstandslos durch sämtliche Kaufhäuser, Boutiquen und Läden der Sneeker Altstadt zu schleifen. Zur Behandlung eventueller Folgeschäden dieses Gewaltmarsches erstehe ich irgendwo eine Flasche Genever, mit der ich am Abend an Bord meine Trauerarbeit im Gedenken an meine verlorenen Freunde fortsetze, während mein Weib schon selig schlummert. Doch bevor ich den Entschluss fassen kann, mich aus Solidarität nächtens in den Kanal zu stürzen, kommt Andrea noch mal an Deck und zieht mich zärtlich in die warme Koje.

Kommandokrise, hausgemacht

Als ich am Morgen viel zu früh wach werde, versagt mir mein Gleichgewichtssinn den Dienst, mein Magen sendet heftige Notsignale an mein offenbar nur mit Notstrom arbeitendes Hirn, und der Geschmack auf der Zunge – Laternenpfahl ganz unten, oh, ha, früher konnte ich mal mehr ab.

Taumelig verlasse ich die Achterkajüte, quere den Steuerstand und setze Kurs auf die Bordapotheke im Vorschiff, beim Passieren des Kühlschrankes nehme ich eine Flasche Mineralwasser in den Schlepp und erreiche schließlich, nicht zum ersten Mal auf diesem Törn, die Erste-Hilfe-Kiste. Ein halber Liter Wasser und zwei Tabletten vertreiben wenigstens den üblen Geschmack von der Zunge. Auf meinem Rückweg bemerke ich einen gedeckten Frühstückstisch, an dem mein etwas streng blickendes Weib sitzt. So früh kann es also nicht mehr sein, wenn Andrea schon Kaffee gekocht und den Tisch gedeckt hat.

»Morgen, Schatz«, krächze ich und erschrecke vor meiner eigenen Stimme. Seltsamerweise steht auf meinem Frühstücksbrett eine fast leere, grünliche Flasche.

»Na? Wieder unter den Lebenden? Hast du deine Trauerbekundungen gestern vielleicht irgendwie übertrieben?«, klingt es vorwurfsvoll vom anderen Ende des Tisches.

»Keine Moralpredigt vor dem ersten Kaffee!« Meine Stimme normalisiert sich wieder, und Angriff ist immer noch die beste Verteidigung. Fast immer.

»Die Achterkajüte hat gestunken wie eine Hafenkneipe mit eigener Destille nach einer Willkommensfeier für heimgekehrte Walfänger nach einem halben Jahr auf See. Außerdem hat irgendwo in unserem Bett ein kaputter Außenborder geröhrt, zumindest hat es so geklungen. Müssen wir jetzt noch einen weiteren Tag hier liegen oder wirst du heute noch einsatzfähig? Den Abwasch mach' ich heut' alleine, sieh zu, dass du in die Dusche kommst.«

Das sitzt! Meine Frau übt ihre Skipperrolle an ihrer wehrlosen Mannschaft aus. Wenn zwei an Bord Führerscheine haben, gibt es manchmal Schwierigkeiten mit der Hierarchie, davon habe ich schon mal was während der Ausbildung gehört …

Ich krame meinen Waschbeutel und mein Badetuch hervor und fliehe.»Soll sie doch selbst fahren, hat doch die Prüfungen«, brumme ich unterwegs vor mich hin.

Kurze Zeit später geht es mir aber schon erheblich besser, der Genever scheint außerdem auf mein Knie einen guten Einfluss gehabt zu haben. Von innen gespült, macht es heute keine Probleme mehr. Ich fühle mich zwar immer noch als entmachteter Kapitän, doch das ändert sich sofort, als ich wieder klar sehe. Wir sind immer noch genauso zugeparkt wie am Vortag! Voll mit vergnüglichen Hintergedanken verstaue meinen Waschkrempel in der Heckkajüte und muss zugeben: Trotz der geöffneten Bullaugen und Luken müffelt es irgendwie ein bisschen.

In bester Laune erscheine ich dann im Steuerstand. »Wo soll's denn heute hingehen, Skipperin?«, frage ich herausfordernd.

»Mal sehen, die Wasserkarte liegt auf dem Tisch, komm runter, und wir legen die Route fest.«

Jede Menge Häfen und Orte kommen als Ziele in Frage. Unsere Handbücher lesen wir nach den Erfahrungen in Drachten jetzt allerdings sehr genau und versuchen festzustellen, ob die Autoren eventuell wichtige Informationen zwischen den Zeilen versteckt haben. Noch unter dem Eindruck der Sicherheitslektüre beschließen wir, zuerst auf dem Sneekermeer, natürlich außerhalb der Fahrrinne, ein paar Bootsmanöver zu üben und anschließend Kurs nach Langweer zu nehmen. Zur besseren Orientierung fertigen wir uns zusätzlich einen Spickzettel mit den wichtigsten Landmarken und Tonnennummern an, der uns das lästige Hantieren mit Karte, Lesebrille beziehungsweise Lupe ersparen soll. Dieser in überdimensionierten Buchstaben beschriebene Zettel und das Fernglas werden als Navigationsmittel wohl reichen. Ich kontrolliere noch den Ölstand am Motor und fette die Schraubenwelle, dann könnten wir ablegen.

»Bekommst du das Boot aus der Lücke, ohne die Nachbarn zu rammen?«, Andrea sieht echt besorgt aus.

»Wieso ich? Ich dachte, du stehst am Steuer. Du hast doch heute das Kommando als Skipperin übernommen«, ziere ich mich.

»Bin ich wahnsinnig? Ich will weder uns noch die anderen versenken. Dazu fehlen mir die finanziellen Mittel.«

»Erinnerst du dich an das Manöver, das ›In die Spring eindampfen‹ heißt? Damit müssten wir es schaffen.«

Unser Handbuch über praktische Fahrmanöver muss her. Zum Glück habe ich meine ganze maritime Praxisbibliothek mitgeschleppt, so groß ist sie ja noch nicht. Dann starten wir den Motor und halten ihn, wie im Buch beschrieben, auf einer gleichmäßigen Leerlaufdrehzahl. Seitenwinde und Strömung brauchen wir nicht zu beachten, da nicht vorhanden oder jedenfalls nicht feststellbar. Andrea wirft alle Leinen bis auf die Vorspringleine los und federt den Bug mit einem von Hand geführten Fender ab. Ich lege das Ruder so, als beabsichtige ich, den Anleger zu rammen, und gebe dann so wenig Schub voraus wie möglich. Durch die Leine gehalten und den Fender geschützt, dreht sich unser Boot unter den kritischen Blicken unserer Bootsnachbarn mit dem Heck aus der Lücke. Gas weg, Leerlauf, Ruder in die entgegengesetzte Richtung, ganz wenig Schub zurück, wir lösen uns von unserem Liegeplatz und fühlen uns wunderbar. Es ist ein Sieg auf der ganzen Linie, und der Törn kann beginnen.

Mir ist gut warm geworden, und zwar sicher nicht nur von der Sonne, die heute bereits ungewohnt heftig und ebenso ungestört scheint. Aber die Hierarchie an Bord scheint sich wieder in meinem Sinne und zu meinen Gunsten verändert zu haben.

Gegen zwölf Uhr erreichen wir bei immer noch strahlendem Sonnenschein das Sneekermeer, verlassen die Fahrrinne und suchen in östlicher Richtung die Durchfahrt zwischen zwei Landzungen, um in den östlichen Teil des Meeres zu gelangen.

Andrea drosselt unsere Geschwindigkeit, um mehrere Boote einer Segelschule passieren zu lassen. Kurz nach unserem ebenso filmreifen wie lehrbuchmäßigen Ablegemanöver hat sie das Ruder übernommen, und ich darf sie jetzt mithilfe von Karte, Spickzettel und Fernglas von einer Landmarke zur nächsten dirigieren.

Der Schule folgt eine offene Jolle, besetzt mit einer jungen Familie. Während der Vater versucht, Pinne und Segel trotz des jetzt unerwartet zunehmenden Windes zu bändigen, hat die Mutter alle Hände voll mit dem Seglernachwuchs zu tun. Der fünfjährige Filius, angetan mit weithin rot leuchtender Schwimmweste, hängt gefährlich weit über der Luvkante des Bootes und versucht die halb volle Riesenlimoflasche, die eben seinen Patschhänden entglitten ist und nun auf eigenem Kurs dahintreibt, wieder ins Boot zu holen. Mutter springt auf, reißt den Sohnemann in die Jolle zurück, beide taumeln und landen schließlich auf der Leekante.

Uns bietet sich ein tolles Bild. Mama schreit den beinahe verlorenen Sohn an, Sohn plärrt der Limo hinterher, Papi schreit seine Mitfahrer an. Durch das spontane Gehopse seiner Mannschaft und den damit verbundenen Gewichtsverlagerungen im Boot hätte er beinahe die Kontrolle über sein Schiffchen verloren.

Zugegeben, sie wären fast gekentert, und der Baum hätte das Familienoberhaupt fast mit einem neuen Scheitel versehen, aber es sind doch noch alle an Bord, wozu also die ganze Aufregung? Gemeinsame sportliche Aktivität im Familienkreis fördert eben die Kommunikation zwischen den Mitgliedern.

Als die Jolle außer Hör- und Sichtweite ist, beschließen Andrea und ich, zur Übung ein bis zwei Mann-über-Bord-Manöver zu fahren. Als verloren gegangenes Mannschaftsmitglied muss die leere Limoflasche aus Plastik herhalten, die schnell abtreibt.

Andrea ist mit ihrem zweiten Versuch recht zufrieden, ich mit meinem dritten. Eigentlich müsste es unter den aktuellen Bedingungen ausreichen, unser Boot aufzustoppen, wenn jemand in den Bach fällt. Bei der angegebenen Wassertiefe von ein Meter fünfunddreißig kann fast jeder Unglücksrabe bequem zu Fuß hinter uns herlaufen. Diese Lösung klappt allerdings nur bei festem Grund, bei schlammigem Seeboden fährt man wohl doch besser das Rettungsmanöver.

Kurze Zeit später hat es kräftig aufgebrist, und hier und da zeigen sich auf dem bewegten Wasser bereits kleinere Schaumkrönchen. Es wird zugig im Steuerstand, also rolle ich die Persenning achtern und an den Seiten herunter. Wir müssen nun gegen Wind und Wellen an, am Horizont tauchen ein paar Wolken auf, die mir nicht sehr gefallen, und die Gischt klatscht gegen die Fenster des Steuerstandes, wenn wir einen Wellenkamm treffen. Unsere Scheibenwischer sind leider nur zur Dekoration geeignet.

Nachdem wir in den engen Kanal eingebogen sind, der uns in die Langweerder Wielen führen soll, beruhigt sich das Wasser wieder. Zwischen den erhöhten Uferböschungen mit dichtem Baumbestand fahren wir etwas geschützter als auf dem freien Wasser des Sneekermeeres. Nur wenn der seitliche Windschutz Lücken aufweist, kann man, vom Wind versetzt, schnell zum Geisterfahrer werden. Dann öffnen sich die Langweerder Wielen vor unserem Bug. Ein Blick auf die Wasserkarte sagt mir, dass der Hafen ziemlich genau gegenüber der Kanaleinmündung liegen sollte, ich entdecke aber die Hafeneinfahrt nicht. Was ich sehe, ist ein graugrüner, meterhoher Schilfstreifen, hinter dem die Masten einiger Segelboote in den Himmel ragen.

Apropos Himmel! Dieser hier hat sich jetzt mit einer schweren, tiefgrauen Wolkendecke bezogen, aus der schon einzelne dicke Regentropfen fallen. Bevor es richtig zu schütten beginnt, bringt Andrea rasch noch die Fender aus und legt die Festmacherleinen zurecht. Richtig, ich stehe wieder selbst am Ruder! Hafeneinfahrten und Anlegemanöver überlässt Frau Kapitän doch zu gerne mir ...

Nur, wo ist die Hafeneinfahrt? Unsere Scheibenwischer beweisen zum wiederholten Male ihre Unfähigkeit. Dank des immer noch zunehmenden Windes wird selbst dieser kleine See für uns Anfänger zu einem rauen Gewässer, inzwischen kommt der Regen waagerecht von vorn.

Ich beobachte die anderen Boote, eigentlich müsste jeder Skipper, der bei klarem Verstand ist, sich beeilen, dass er in den Hafen kommt. Und wirklich, wie der Sand im oberen Teil einer Sanduhr aus allen Richtungen in die Mitte des Glases rinnt, steuern alle Schiffe, Schiffchen, Segelyachten und Jollen denselben Punkt im Schilfgürtel an. Schließlich wird das erste Boot scheinbar vom Schilf verschluckt – die Hafeneinfahrt ist gefunden.

Mit kleiner Fahrt tuckern wir hinter den anderen her in einen knapp fünfzig Meter langen, schmalen Stichkanal. Als dieser endet, liegt vor mir ein Molenkopf, auf dem ein Hinweisschild die einzelnen Stege nach Bootsklassen und Bootslänge einteilt. Ich muss nach rechts, eine blecherne Lautsprecherstimme plärrt eine Durchsage, von der ich außer unserem Bootsnamen nichts verstehe.

»Was will er?«, frage ich Andrea, die sich gerade in meine, für sie viel zu große Regenjacke einwickelt.

»Ich glaube, er hat gesagt, du musst nach rechts«, ruft sie mir beim Verlassen des Steuerstandes zu.

Toll, da bin ich ohnehin schon, über mir trommelt der Regen aufs Stahldach, unter meinen Füßen nagelt der Diesel vor sich hin. Im Hafen sehe ich nur Stege mit Boxen, und das bei solchem Wetter – zum ersten Mal. Am Steg vor mir zeigt ein Schild den Schattenriss eines Motorbootes und die Zahlen »7 -10 m«. Passt. Ich steuere gleich die erste Box an, da habe ich wenigstens an meiner Steuerbordseite ein Stück Steg und muss nicht über den Bug an Land springen. Bei meinem Glück rutsche ich noch aus, stolpere oder kann nicht bremsen und lande im Wasser der gegenüber liegenden leeren Box. Soll alles schon passiert sein.

Das Anlegemanöver klappt wie im Bilderbuch, Andrea und ich sind selbst überrascht. Dann genehmigen wir uns erst mal einen Kaffee und warten, dass der Regen nachlässt, bevor wir uns beim Hafenmeister melden. Seine Stimme haben wir ja schon einige Male blechern aus dem Lautsprecher über den Hafen tröten gehört, aber wo ist das Büro?

Wir umwandern das Hafenbecken, inspizieren die Sanitäranlagen und stellen fest, dass es einen separaten Jollenhafen gibt, der durch eine kleine Zugbrücke von unserem Hafenteil getrennt ist. Während wir noch auf dem Brückchen stehen und in die Gegend schauen, beginnt ein gelbes Licht an beiden Enden der Brücke zu blinken. Ich sehe vier Jollen, die offensichtlich auf den

See wollen, weshalb Andrea und ich fluchtartig die Brücke räumen, bevor sie sich unter unseren Füßen öffnet.

Die Hafenmeisterei ist auf einem alten, feuerrot gestrichenen Kutter untergebracht und liegt direkt neben der Hafeneinfahrt, also weitmöglichst von allen Liegeplätzen entfernt. Hier residiert, anders kann ich es nicht beschreiben, der Herrscher über alle Boote. Da bereits zwei Leute ins Büro beziehungsweise auf die Brücke gegangen sind, warten wir an der offenen Tür. Unsere Vorgänger nehmen auf zwei Stühlen gegenüber des riesigen Schreibtisches Platz. Als der Chef uns warten sieht, winkt er uns rein und bedeutet uns, Platz zu nehmen.

Das Ambiente ist sehenswert. Der Hausherr, ein wettergegerbter, braungebrannter und groß gewachsener Mittsechziger mit blitzenden blauen Augen und grauem Bilderbuchseemannsbart, dreht sich in seinem schweren Bürosessel um und zapft erst einmal vier Bier, die er an uns verteilt. Alles, was an maritimen Kitsch je produziert worden ist, hat offensichtlich seinen Weg hierher gefunden: Minibuddelschiffe, Bootslaternen, zerfetzte Piratenflaggen, ganze Schiffsbesatzungen im 20-cm-Tonfiguren-Format, Knotenbretter, Signalflaggen, Fischernetze mit Schwimmkörpern unter der Decke, Schiffsmodelle und so weiter und so weiter. Der Gipfel der Schau ist eine Glasplatte unter dem Couchtisch. Dieses Fußbodenfenster gibt den Blick in den ehemaligen Laderaum frei, wo ein Stück Seegrund nachgebildet worden ist. Ein halbes verrottetes Ruderboot, eine verlorene Schiffsschraube, Plastikkrabben und -fische, künstliche Wasserpflanzen, eine verbeulte leere Heineken-Bierdose und eine zerknüllte Lucky-Strike-Schachtel runden das farbig beleuchtete Stillleben ab.

Erschlagen von so vielen Eindrücken, rücken wir auf die Stühle vor dem Schreibtisch auf. Wortlos tauscht der Hafenmeister erst einmal unsere leeren Biergläser gegen volle. Dann beginnt er mit

den üblichen Fragen: »Fahrt ihr immer bei so einem Dreckwetter in den Hafen, wie lang ist denn euer Schiffchen, wie viele Personen sind an Bord, und wie lange wollt ihr bleiben?« Ohne Lautsprecher klingt er gar nicht mehr so blechern.

Artig beantworte ich seine letzten Fragen, auf das Wetter gehe ich nicht ein. Er stellt die Rechnung aus, und ich bezahle.

»Was bekommen Sie fürs Bier?«, frage ich noch im Aufbruch.

»Das verkauf' ich nicht, darf ich ja gar nicht«, ist die überraschende Antwort, trotzdem steht er auf und hält mir eine verbeulte Sammelbüchse unter die Nase und deutet auf ein großes, gerahmtes Foto an der Wand. »Wenn du willst, kannst du was in die Spardose für meine sechzehn Enkelkinder schmeißen.«

Überrascht betrachte ich das Bild, das den Hafenmeister inmitten seiner großen Familie zeigt. Dieses Schlitzohr hat sich offenbar vorgenommen, Urvater eines neuen Stammes der Friesen zu werden. Bevor er anfangen kann, uns seine Verwandtschaft namentlich vorzustellen, stopfe ich einen Geldschein in die Büchse und flüchte mit Andrea aus dem Büro. Wahrscheinlich bekomme ich im Ort für dieses Geld zwei bis vier Bier mehr, aber egal.

Wir beschließen, den Gaskocher an Bord zu schonen und im Ort zu Abend zu essen. Nach einem opulenten Mahl, das wir in einem urigen Krug zu uns nehmen, umfängt uns eine angenehme, satte Mattigkeit. Am Jollenbecken fällt uns eine große Scheune auf. Ich vermute ein Winterlager für Segeljollen, erfahre aber später, dass hier die Diskothek untergebracht ist. Was für ein geschäftstüchtiger kleiner Hafen ...

Als wir unseren Anleger betreten, versucht gerade ein Neuankömmling sein neun Meter langes Charterboot rückwärts in die übernächste Box neben uns zu legen. Offensichtlich hat er nicht bedacht, dass sein Mitfahrer auf dem schmalen Bug entweder ein geübter Lassowerfer sein müsste oder über eine Armspannweite von mehr als drei Metern verfügen sollte.

Aussichtslose Festmachversuche unter Zuhilfenahme des Bootshakens zeigen nur den Erfolg, dass sich das dünne Aluminiumrohr nur noch als Winkelschiene eignet. Der Mann am Ruder wird zunehmend ungehaltener, die Person im Bug immer verzweifelter. Nach den Pollern im Wasser angelnd, droht dem jetzt von uns als weiblich identifizierten Leichtmatrosen auch noch ein Bad im Hafenbecken. Währenddessen bewegt sich das Boot langsam, aber stetig rückwärts und schiebt sich mit der Badeplattform schon fast unter den Steg.

Ich greife nach der Heckreling und brülle den nur noch nach vorn orientierten Skipper an: »Gas auf null!«

»Was zum Donner...?«, er fährt erschrocken auf dem Absatz herum und sieht Andrea und mich an seiner Plicht hängen und sein Boot vom Steg wegdrücken. Langsam dämmert ihm, dass er beinahe den Steg und auch sein Schiffchen verbeult hätte. Er stellt den Gashebel auf neutral und sieht uns recht hilflos an, das Boot lässt sich jetzt erheblich leichter halten.

»Nu gib schon meiner Frau die Heckleinen an, wir ziehen die durch die Ringe und fieren euch ran, wenn ihr vorn an den Pollern wart«, kommandiere ich rum.

»Gut, mach' ich. Ich geh' mit dem Heck an den Steg, ich will nicht immer über den hohen Bugkorb an und von Bord klettern müssen«, brummt er, als er die Leinen übergibt und mit dem Kopf in Richtung der immer noch im Bug stehenden Frau deutet. »Und wie komm' ich jetzt an die Dalben?«

»Ganz kurzer Schub voraus, wir geben Leine nach und dann mit dem Bugstrahlruder nach Steuerbord, Bugleine rum und auf Slip legen, dann mit dem Bugstrahlruder nach Backbord und dasselbe Spiel. Wir ziehen euch dann zurück an den Steg, bis ihr gut übersteigen könnt. Dann macht ihr die Bugleinen fest und anschließend die Heckleinen. Ihr habt doch ein Bugstrahlruder, oder?«

»Ja, sicher, hast du alles mitgekriegt, Inge?«

»Nein, was ist los?«, kommt es vom Bug.

Jetzt folgen ein paar scharfe Kommandos des Skippers, die mich in Wortwahl und Lautstärke sehr an meinen Kompaniefeldwebel im Grundwehrdienst erinnern. Nach weiteren zehn Minuten sind unsere Nachbarn landfest und genervt bis aufs Blut.

»Danke für die Hilfe«, er atmet merklich auf, « wir sind seit zehn Stunden unterwegs, das Boot ist lahm, und wir kamen immer dann vor den beweglichen Brücken an, wenn sie gerade für längere Zeit geschlossen waren. Ein echter Horrortrip!«

Die beiden verschwinden in ihrem Boot, und auf dem Weg zu unserem Liegeplatz fliegen uns die Fetzen einer heftigen Diskussion nach.

Wenig später mache ich mich auf in Richtung Dusche. Im großen Salon steht Inge jetzt am Herd und arbeitet mit Pfanne und Tellern, es riecht verdächtig nach Bratkartoffeln mit Speck und Zwiebeln, Peter sitzt erwartungsvoll am Tisch und macht sich eine Dose Bier auf. Der Frieden an Bord scheint wieder hergestellt.

Im Duschhaus werde ich ungewollt Zeuge eines Gespräches zwischen zwei segelnden Landsleuten.

»Was stellen wir heute Abend noch an? Soll'n wir dem Hafenmeister noch ein paar Bier aus dem Kreuz leiern?«

»Würd' ich lassen, an dem haben sich schon andere verhoben.«

»Wieso?«

»Ach, im Sommer haben Nebenlieger von mir auch die Idee gehabt. So 'ne arrogante, laute Jungmännertruppe auf Junggesellenabschiedstörn, war'n auf Aufrisstour und wollten den Alten vor dem Discobesuch mal eben abfüllen. Hat aber nicht geklappt, der Hafenkapitän hat den ganzen Haufen mit Genever und Bier ruckzuck ins Koma befördert. Eine Stunde vor Mitternacht war Ruhe bei denen an Bord, nur noch Schnarchen und würgende Geräusche von der Bordtoilette, da war nix mehr mit Mädels aufreißen und so. Ach ja, und am nächsten Tag wurde noch mal Hafengebühr fällig, die Jungs fühlten sich irgendwie nicht fit genug zum Segeln.«

»Danke für die Warnung, da gehen wir doch lieber in den Ort.«

Da meine Neugier schon die dritte Duschmarke gekostet hat, trockne ich mich eilig ab und gehe zum Boot zurück. Die EVA III liegt unbeleuchtet im Wasser, sollte Andrea schon in der Koje sein? Nein, bei Inge und Peter ist Festbeleuchtung, und meine Frau sitzt gemütlich mit einem Bier in der Hand auf der Heckbank der Nachbarn.

»Bring deinen Kram auf euer Boot und komm rüber«, ruft mir Peter zu. »Ich hab' auch noch ein Bier für dich.«

Kaum ist man mal eine Viertelstunde weg, wird einem die Mannschaft schanghait. Ich kontrolliere unseren Getränkevorrat, mit nur einem Bier lasse ich mich doch nicht locken, obwohl ich vielleicht etwas kürzer treten sollte, wenn ich morgen noch das Kommando haben will.

Inge und Peter sind aus Bremen, ein paar Jahre jünger als wir und stolze Eltern eines elfjährigen Zwillingspärchens.

»Hallo, komm rein, auch ein Bier?«, begrüßt mich Peter.

»Danke, gern.«

»Nach der Aktion vorhin muss ich euch doch wenigstens auf einen Umtrunk an Bord bitten. Was verschlägt euch Ruhrpöttler denn auf friesische Binnengewässer?«

Andrea und ich erläutern kurz unsere Beweggründe nicht ohne den Hinweis, dass dies unser erster Chartertörn ist, quasi der erste heiße Praxistest für unsere druckfrischen Sportbootführerscheine. Motto: Theorie trifft Praxis. »Aber was machen Bremer, die die Nordsee vor der Tür haben, hier?«, will ich wissen.

»Üben, üben, üben«, meint Inge, »alles andere ist eine lange und chaotische Geschichte.«

»Der Abend ist noch jung«, Andrea ist neugierig geworden und prostet Inge auffordernd mit dem frisch eingeschenkten Roten Genever zu.

»Ach, das ganze Elend begann am Anfang der Osterferien. Der übliche Frühjahrsputz war gelaufen, und nun sollte noch der Keller entrümpelt werden. Unsere Zwillinge, Rolf und Anke, wollten sich ihr Taschengeld damit aufbessern. Katastrophe, sage ich euch.« Inge verdreht die Augen. »Die beiden haben alles von einer Ecke in die andere geschichtet und durchgesehen, aber nichts aussortiert.« Inge muss sich erst einmal mit einem Schluck Bier stärken.

»Na ja, jedenfalls haben die beiden einen alten Aktenkoffer mit längst vergessenen Papieren von mir entdeckt. So komme ich eines Abends nach Hause und werde mit dem zweistimmigen Ruf ›Papa ist Kapitän, Papa ist Kapitän, wir wollen in den Sommerferien Schiff fahren!‹, empfangen. Sie hatten meine alten Bootsführer- und Segelscheine gefunden.«

Da Peter jetzt ganz dringend ein kaltes Bier braucht, fährt Inge fort: »Es begannen harte Zeiten, wir hatten den Sommerurlaub noch nicht gebucht, und unsere Sprösslinge waren durch nichts und niemanden von ihrer fixen Idee abzubringen. Schließlich empfahlen uns Bekannte die Provinz Friesland als gutes Anfängerrevier.«

Ich komm' mir vor wie beim Tennis, denn Andreas Kopf schwenkt dauernd zwischen Peter und Inge hin und her. Die beiden wechseln sich ab und scheinen ihre Leidensgeschichte schon öfter zum Besten gegeben zu haben.

»Nach langer Sucherei fanden wir schließlich eine Charterfirma, die noch ein Boot für den Sommer frei hatte, aber nicht für vier Personen. ›Ach so, zwei Erwachsene und zwei Kinder unter zwölf, das geht‹, teilte uns der Vercharterer mit. Wir griffen unbesehen zu, weil wir Angst hatten, sonst leer auszugehen.«

Pause, Stärkungsschluck, Aufschlagwechsel.

»In den nächsten Wochen besserte Peter sein theoretisches Wissen auf, und die Kinder bekamen Angst vor der eigenen Courage. Anke wollte nur noch mit, wenn wir eine Rettungsinsel an Bord hätten, Rolf bestand erfolglos auf dem Kauf eines Sextanten, damit wir uns nicht verfahren. Schließlich kamen wir bei unserem Charterservice an. Das Boot war baugleich mit diesem hier, Bugkajüte mit Doppelbett, die Sitzgruppe musste jeden Abend zum Kinderbett umgebaut werden. Wir hatten einen Teil der Verpflegung mitgebracht, und beim Stauen fiel Anke samt einer Palette Eier ins Wasser. Noch nicht vom Steg weg und schon die erste Katastrophe! Sie weigerte sich den Rest des Tages, auch nur den Salon zu verlassen.«

»Das war bestimmt eine heitere Woche«, meldet sich meine Co-Skipperin zu Wort, während ich mich erfolgreich eines roten Genevers erwehre und lieber noch ein Beck's nehme.

Peter führt die Erzählung fort: »Das Fahren ging besser als erwartet, auch das erste Anlegemanöver klappte gut, und nachdem ich alle Knoten selbst neu geschlagen hatte, hielten sie auch dauerhaft. Aber am ersten Abend stellten wir dann fest, dass für die Eltern nur die Plicht oder die Bugkajüte zur Verfügung stand, sobald die Kinder im Salon schliefen. Die Plicht war zu kalt, die Kajüte zu eng, also waren wir alle um halb neun in den Kojen.«

»Ja, dafür wurden wir am nächsten Morgen kurz nach Sonnenaufgang durch munteres Trampeln auf dem Vordeck über unseren Köpfen geweckt. Im Vertrauen auf die Vernunft unseres Nachwuchses wollten wir uns noch mal umdrehen, da hörten wir etwas ins Wasser platschen, gefolgt von einem metallischen Rattern.«

»Ich bekomme heut' noch Kopfweh, wenn ich daran denke. Wir schossen aus der Koje, ohne an die nicht vorhandene Stehhöhe zu denken. Versuchten gleichzeitig durch das Luk an Deck zu kommen und sahen schließlich unsere beiden Ableger wohlbehalten auf dem Vorschiff. Sie hatten einfach den Anker über Bord geworfen und zirka zwanzig Meter Kette ausrauschen lassen.«

»Hoffentlich hatte sich keiner die Finger gequetscht. Hattet ihr eine elektrische Winsch?«, frage ich dazwischen.

Peter schüttelt den Kopf, während er sich noch ein Bier aus dem Kühlschrank angelt.

»Natürlich nicht, die beiden mussten den Anker vorm Frühstück Hand über Hand wieder einholen, natürlich unter meiner Aufsicht.«

»Das Ende vom Lied war, dass die Kinder ab jetzt im Bug schliefen und wir uns im Salon einrichteten, so gut es ging.« Inges Zunge scheint schon etwas müde.

»Wo habt ihr denn eure Kinder jetzt gelassen?«, will Andrea wissen.

»Oh, die sind für zehn Tage auf Klassenfahrt, jetzt können sie mal jemand anderen terrorisieren, und so können wir hier heimlich üben.« Inge sieht nach dieser Feststellung sehr zufrieden drein.

Irgendwann nach Mitternacht, noch einem Beck's und der nächsten Story finden Andrea und ich zurück auf unser Boot. Ich fühle mich zu dieser fortgeschrittenen Stunde noch überaus fit, was ich nicht zuletzt auf meinen heute sehr zurückhaltenden Bierkonsum und die Genever-Abstinenz zurückführe. Meine Gattin ist jedoch ein Opfer des süßen Damenschnäpschens geworden und verschwindet sofort in der Schlafkajüte.

Morgen früh werde also ich nicht der Verkaterte an Bord sein, und diese Erkenntnis ist beruhigend. Mit mir und der Welt zufrieden, bin ich eine halbe Stunde nach meiner Frau auch im Bett.

Ein Morgen ohne Durchblick

Nebel, und was für einer! Als ich gegen sieben Uhr dreißig in der Frühe die Persenning öffne, starre ich auf eine milchige, unscharfe Welt. Ich kann keine dreißig Meter weit sehen, der Anlegesteg verliert sich im Nichts, jemand scheint das Ufer geklaut zu haben. Trotzdem mache ich mich auf den Weg ins Ungewisse, Richtung Waschhaus. Inges und Peters Boot ist nur noch schemenhaft in dem wabernden Nebel auszumachen, in der Plicht bewegt sich eine konturlose Gestalt. Das Bild wird etwas klarer, je weiter ich mich nähere: Inge in einem weißen Bademantel, bewaffnet mit einer Eineinhalb-Liter-Mineralwasserflasche.

»Guten Morgen!«, rufe ich ihr zu.

»Mein Gott, hast du mich erschreckt«, fährt sie herum, »guten Morgen, was ist denn mit dem Wetter?«

»Nebel, keine Ahnung, wo er herkommt und wie lange er bleibt, nur den Hafen möchte ich im Moment lieber noch nicht verlassen.«

Inge setzt die Wasserflasche an und trinkt wie eine Verdurstende. »War wohl etwas spät gestern?«, fragt sie, während sie versucht ihr Aufstoßen dezent zu verbergen.

Nach dem Frühstück starren Andrea und ich in den Nebel hinaus. Eigentlich haben wir für heute eine größere Rundtour geplant, doch dafür müssten wir jetzt auslaufen.

»Bei dem Wetter können wir den Törn vergessen«, Andrea faltet die Wasserkarte zusammen. »Unsere Positionslichter haben die Leuchtkraft von Teelichtern, und die Fahrwassertonnen findest du nur, nachdem du dagegen gefahren bist.«

Irgendwie beschleicht mich das Gefühl, dass meine Frau über das nebelige Wetter nicht sehr unglücklich ist, denn sie verschwindet bereits ohne weiteren Kommentar wieder in ihrer Koje. Missmutig schaue ich auf die Uhr, es ist unser letzter Urlaubstag.

Peter kommt über den Anleger auf unser Boot zu, bleibt plötzlich stehen und deutet mit weit aufgerissenen Augen und offenem Mund Richtung Hafeneinfahrt. Ich stürze an Deck.

»Die müssen ja wohl irre sein, bei dem Wetter!« Peter kann nicht glauben, was er sieht.

Auch ich glaube zum zweiten Mal an diesem Tag, eine geisterhafte Erscheinung zu haben.

Aus dem Nebel wächst langsam der Bug eines großen, weißen Motorschiffes, die Seitenlichter und das Topplicht lassen sich nur erahnen. Die Maschine läuft mit sehr kleiner Drehzahl, und ehe wir den Motor hören können, hören wir die gereizten Stimmen der Besatzung. Acht Männer haben sich im erhöhten Außensteuerstand des mindestens vierzehn Meter langen Schiffes versammelt und stehen sich nun gegenseitig im Weg.

Der unvermeidliche Lautsprecher quäkt über das Hafenbecken und weist den Neuankömmlingen einen Liegeplatz zu. Sofort kommt Bewegung in die Mannschaft, Fender werden ausgebracht, Leinen klariert, der Mann am Steuer hat endlich wieder Bewegungsfreiheit.

Peter und ich machen uns auf den Weg, um gegebenenfalls die Festmacher des Bootes anzunehmen, außerdem sind wir neugierig, wie es außerhalb des Hafens mit dem Wetter steht. Doch als der weiße Riese auf uns zukommt, stelle ich fest, dass die

Gesichter der Mannschaft entweder die Farbe des Bootes oder des Nebels angenommen haben.

Wir erreichen gleichzeitig mit den Neuankömmlingen den zugewiesenen Liegeplatz, übernehmen die Bugleinen, ziehen sie durch die Ringe am Steg und geben die Enden an Bord zurück.

»Wie sieht's denn draußen aus?«, will ich wissen.

»Wenn ich den Hafenheini von Broek in die Finger kriege...«, schimpft der Skipper. »Der Nebel löst sich bestimmt in der nächsten halben Stunde auf, hat er gesagt. Fast zwei Stunden sind wir durch die Waschküche da draußen geirrt, nur gut, dass in diesem Revier keine Berufsschifffahrt unterwegs ist.«

»Manöverschluck?«, kommt eine Stimme aus dem Bauch des Bootes.

»Manöverschluck!«, brüllt der Skipper zurück. »Bring zwei mehr mit rauf! Ihr nehmt doch auch einen, oder?«

Peter zuckt neben mir merklich zusammen. »Nein, danke, nicht vor dem Mittagessen, zu freundlich.« Er hat plötzlich einen echt angewiderten Gesichtsausdruck.

»Auch gut, ich kann auch einen Dreifachen vertragen, ich fahr' heute keinen Meter mehr.«

Wir verabschieden uns und überlassen die Neuankömmlinge ihrem Nervenberuhigungsmittel. Auf dem Rückweg entdecken wir am Himmel die sehr, sehr blasse gelbe Scheibe, die gegen den Nebel ankämpft, und nach dem Mittagessen klart das Wetter so weit auf, dass Andrea und ich uns zur Weiterfahrt entschließen. Wir wollen heute noch den Gästeanleger am Restaurant unseres Ausgangsortes erreichen und uns am letzten Abend unserer Rundfahrt ein gewaltiges Kapitänsdinner schmecken lassen. Außerdem können wir von dort im Notfall zu Fuß zum Charterbetrieb gehen, falls am nächsten Tag wieder bis Mittag Nebel über dem Wasser liegt.

Also tschüs und Leinen los!

Nach Verlassen der Hafeneinfahrt liegt das Wasser wie aus Blei gegossen vor unserem Bug. Mit Seglern brauchen wir heute nicht zu rechnen: kein Wind, keine Segler. Einzelne Nebelfetzen hängen noch in den Schilfgürteln am Ufer, aber über dem Wasser ist die Sicht frei.

Wir wählen unsere Route so, dass wir nur auf einem sehr kurzen Kanalstück Kontakt zur Berufsschifffahrt bekommen. Die Windstille in Verbindung mit den vereinzelten, immer noch unbeweglichen, über den Wiesen verharrenden Nebelbänken lässt die Landschaft wie in einem Dornröschenschlaf erscheinen. Außer dem leisen, gleichmäßigen Blubbern unseres kleinen Dieselmotors dringt kein Geräusch an unser Ohr. Sogar die Kühe auf den Weiden scheinen sich in Zeitlupe zu bewegen.

Bevor uns diese Bilder gänzlich in unsere Träume von einer ruhigeren und friedlicheren Welt eintauchen lassen, erreichen wir die Fahrrinne. Berufsschifffahrt und romantische Träume, das passt nicht zusammen, wenn man auf nur knapp neun Metern Stahl mit schwachem Motor unterwegs ist. Die nächste halbe Stunde fordert unsere volle Konzentration. Schwer beladene und leere Fracht- und Tankschiffe sind hier in beiden Richtungen unterwegs, mal haben wir vier Meter hohe Stahlwände in wenigen Metern Seitenabstand neben uns, mal kommen uns bis zur Oberkante im Wasser liegende Schiffe entgegen. Wir sind zwar schneller als die schweren Pötte, aber langsamer als die leeren. Ich komme mir vor wie auf der A 40 im Berufsverkehr.

An der Kreuzung zweier Kanäle müsste ich eigentlich nach links abbiegen, ich trau' mich aber im Moment nicht durch den Gegenverkehr. Also biege ich nach rechts in den Kanal ein, dort gibt es keine Frachtschiffe. Dann legen Andrea und ich uns auf die Lauer, um im geeigneten Moment das Hauptfahrwasser im rechten Winkel zu kreuzen. Plötzlich: die Lücke müsste reichen! Ich lege den Gashebel voll auf den Tisch, unter meinen Füßen brüllt das

Motörchen erschrocken auf, hinter unserem Heck schäumt das Wasser. Wir gehen hinter dem Heck eines Binnenschiffes durch. Die Hälfte der Strecke ist geschafft! Aus der anderen Richtung kommt langsam ein Schiff auf uns zu, träge schiebt der Frachter seine Bugwelle vor sich her. Doch er ist weit genug weg und stellt keine Gefahr für uns dar. Da taucht aus dem toten Winkel hinter dem Riesen ein Schlauchboot mit total überhöhter Geschwindigkeit auf. Überholen an Steuerbord und so ein Tempo!

Der Rumpf des Gummibootes scheint über dem Wasser zu schweben, nur die Schraube des überdimensionalen Außenborders hat noch Kontakt zum Wasser. Ich drücke fünfmal kurz hintereinander auf den Schalter unseres Horns. An Bord des Renners reißen drei junge Männer Augen und Münder auf und den Gashebel zurück und ihr Ruder nach Steuerbord. In einer atemberaubenden Spitzkehre schießt das Boot in den Kanal, den auch wir ansteuern. Das meterhoch spritzende Kielwasser klatscht auf unser Vordeck, dann sind die Wahnsinnigen hinter der nächsten Kurve verschwunden.

Andrea steht etwas blass neben mir im Steuerstand: »Was waren das denn für welche?«

»Verkehrsrowdys gibt es auf allen Straßen, also auch auf dem Wasser.«

»Solchen Leuten sollte man den Bootsführerschein abnehmen.«

»Für Boote dieser Größe braucht man hier keinen Führerschein, glaube ich, fünfzehn Meter Länge ist die Grenze zur Führerscheinpflicht. Ob man sich dann an ein Vier-Meter-Schlauchboot einen 120-PS-Außenborder hängt, ist wahrscheinlich reine Privatsache.«

»Da hinten ist unser Anleger, ich bring' die Fender aus und mach' die Leinen klar, bring du uns mal schön langsam und vorsichtig an den Steg.«

Ja, der Anleger ist frei, so gehen wir in aller Ruhe längsseits an den Steg und verholen das Boot so, dass wir nicht so eingekeilt werden können wie in Sneek. Wir sind in Sicherheit, und ich bestehe diesmal auf meinem Manöverschluck in Form eines frisch gekochten Filterkaffees. Wir sitzen ein letztes Mal in »unserem« Steuerstand, und die Wehmut hält uns fest im Griff.

Letzter Törntag

Am nächsten Morgen scheint die Sonne, während der Wind wie eine letzte Drohung gelegentlich einige dunkle Wolkenfetzen über den Himmel jagt. Unsere letzten Vorräte lassen ein durchaus sättigendes, wenn auch von der Zusammenstellung gewagtes Frühstück zu. Brühwürstchen zu Käse- oder Marmeladenbrot sollen ja nicht jedermanns Sache sein, aber uns schmeckt das heute.

Wir lüften das Boot gut durch, rollen unsere Schlafsäcke ein und bereiten die letzten zwanzig Minuten Fahrt vor: Ölstand kontrollieren, die Schraubenwelle fetten, Batteriehauptschalter auf zwei stellen, auf dem Mäuseklavier die notwendigen Instrumente und Anzeigen aktivieren, Schlüssel ins Schloss, zwei Rasten weit drehen. Eine rote Lampe im Armaturenbrett leuchtet, es wird vorgeglüht, ich starte den Motor und warte, bis er richtig rund läuft, dann können wir ablegen.

Andrea löst die Leinen und legt sie gleich wieder griffbereit für das nächste Anlegemanöver bereit. Die Fender lassen wir außenbords, und gemütlich tuckern wir den Kanal durch das Industriegebiet entlang, vorbei an den vielen Charterbetrieben, kleinen Werften und Schiffsausrüstern. Als wir unseren Charterhafen erreichen, wollen wir die Box an der Tankstelle ansteuern, diese ist jedoch besetzt.

Schon will ich mit dem Signalhorn auf unsere Ankunft hinweisen, als ich das Boot am Steg als niederländische Wasserschutzpolizei identifiziere. Also suche ich mir lieber leise eine Warteposition, in der ich die hohen Herren ganz bestimmt nicht beim Auslaufen aus der Tankbox behindere. Leider macht es der aufbrisende Wind zunehmend schwieriger, die Position im ungeschützten Kanal zu halten. Immer wieder muss ich mithilfe der Maschine korrigieren, das Beste wäre es, einfach im Kreis zu fahren, aber der Kanal ist zu schmal. Dann ist die Tankstelle endlich frei, doch trotz (oder vielleicht wegen?) der freundlichen Einweisungen des Mitarbeiters der Charterfirma bringe ich die EVA III erst im dritten Anlauf in die Box. Klar, in strömendem Regen, wenn keiner zuguckt, klappt alles auf Anhieb und wie im Lehrbuch, bei trockenem Wetter und Publikum läuft alles schief.

Nach dem Tanken übernimmt der Mitarbeiter das Boot, und als wir landfest sind, beginnt es leicht zu regnen. Ich hole den VW-Bus-Schlüssel aus dem Büro, und wir bringen unsere Siebensachen ins Auto. Anschließend setzen Andrea und ich uns mit dem Bootsverleiher zur üblichen Tasse Kaffee zusammen. Wir zahlen die Tankrechnung, wechseln ein paar Worte über unsere Fahrtroute, das Fahrverhalten und die Ausstattung der EVA III.

Ich beklage mich über die fehlende oder nicht funktionierende Ausstattung. Der Chef der Charterfirma bedauert das wortreich und verspricht mir, wenn ich im nächsten Jahr bei ihm buche, »am besten im Frühjahr«, sei bestimmt alles in bester Ordnung. Allerdings rät er mir natürlich auch zu einem größeren und komfortableren – sprich teureren – Schiff.

»Kommt die Wasserschutzpolizei hier eigentlich regelmäßig vorbei?«, frage ich ihn noch.

»Ach wo«, lautet seine Antwort, »da haben gestern ein paar Lümmel so ein übermotorisiertes Schlauchboot in Akkrum geklaut und hier die Gegend unsicher gemacht. Als sie ein paar hundert Meter weiter den Kanal runter unter der kleinen Brücke durchwollten, haben sie sich wohl mit der Breite des Bootes verschätzt. Der Wirt vom Dorfkrug hat ihnen dann aus dem Wasser geholfen und sie der Polizei übergeben. Der Wasserschutz hat heute nur das Wrack geborgen.«

Nachdem ein Mitarbeiter seinem Chef ein paar kurze Worte in völlig unverständlichem Holländisch zugerufen hat, überreicht dieser uns die Kaution. Die Außenreinigung des Bootes wird uns freundlicherweise erlassen, denn inzwischen gießt es in Strömen.

Heimfahrt und Nachwehen

So ein Autoradio ist ja eine geniale Erfindung. Nach einer ganzen Woche ohne Rundfunk und Fernsehen sind wir neugierig auf die ersten deutschsprachigen Nachrichten, denn wir wissen gar nicht mehr, was auf der Welt los ist.

»Mein Gott, ras doch nicht so bei dem Dreckwetter!«

Meine Beifahrerin hat Schwierigkeiten, sich vom Bootstempo auf den Straßenverkehr umzustellen. Sicher, nach einer Woche mit Höchstgeschwindigkeiten von knapp sechzehn Stundenkilometern, sprich acht bis neun Knoten, sind fünfundsiebzig Stundenkilometer bei Regen in einem altersschwachen VW-Bully eine unheimliche Erfahrung. Ich muss das Tempo aber halten, um nicht von den Lastwagen in unserer Kolonne als Staupropfen beschimpft zu werden. Schneller geht nicht, langsamer auch nicht. Wir schwimmen also wieder, nur diesmal nicht im Wasser, sondern im Verkehrsstrom einer Autobahn.

»Was meinst du«, will meine Frau wissen, »ob Klaus und Gerda ihr Boot wieder dicht gekriegt haben?«

»Da bin ich ganz sicher. Klaus wird dem Werftleiter sicher ordentlich die Meinung gegeigt haben«, antworte ich ihr.

»Ach, stell dir bloß mal vor, wir hätten so ein Problem mit einem Charterboot. Da haben wir nur ein paar Tage Urlaub im Jahr, und die verbringen wir dann am Werftkran.«

»Nee, ganz bestimmt nicht. Bei solchen Schwierigkeiten fahren wir zum Hafen zurück oder lassen uns vom Verleiher abholen. Wenn wir dann kein Ersatzboot und eine gewaltige Preisminderung bekommen, breche ich den Törn ab und bestehe auf Erstattung der Charterkosten und Schadensersatz wegen entgangener Urlaubsfreude.«

»Hört sich für mich viel zu einfach an.«

Meine bessere Hälfte neigt leicht dazu, mit Schwierigkeiten zu rechnen, die ich – vielleicht etwas zu blauäugig – nicht sehe oder zumindest nicht sehen will. Schließlich will ich in Ruhe schlafen und nicht immer den größten anzunehmenden Unfall durchspielen. Im Moment jedoch scheint auch meine Frau nichts zu befürchten, sie ist friedlich auf dem Beifahrersitz eingenickt, und ich kann den Rest der Fahrt im Rahmen der zulässigen Höchstgeschwindigkeiten hinter uns bringen.

Nachdem wir zu Hause die Wäsche und sonstigen Mitbringsel unserer Bootstour sortiert und verstaut sowie bereits wieder eine Woche im grauen Alltag unseren Mann beziehungsweise unsere Frau gestanden haben, stellt sich uns die Frage: Haben wir wirklich eine Alternative zum Flug- und Massentourismus gefunden?

Ich denke schon.

Sicherlich, die Woche an Bord ist auch anstrengend gewesen, ungewohnte Herausforderungen mussten bewältigt werden. Manchmal waren wir wechselseitig auch etwas genervt, mussten überlegen, wie wir mit der jeweils neuen Situation auf dem Wasser umzugehen hatten. Zum Glück regt sich bei uns beiden immer nur einer auf, während der andere zunehmend ruhiger und sachlicher wird. Ein Pluspunkt unserer Ehe! Wenn ich zu explodieren drohe und auf die höchste Palme klettere, holt meine Frau mich wieder vom Baum, mal langsam und vorsichtig, mal sehr abrupt, je nach Situation. Andererseits kann ich sie wieder auf den

Teppich holen, wenn sie kurz davorsteht, Gift und Galle über ihre Umwelt auszuspucken.

Nun wollen Andrea und ich nicht gleich im nächsten Sommerurlaub ein Boot in der Ägäis chartern, lieber werden wir uns in der Vor- und Nachsaison noch einige Male auf den Kanälen Frieslands tummeln und uns dann, wenn wir sicherer geworden sind, aufs IJsselmeer trauen. Irgendwann werden wir auch den Sprung von den Binnengewässern auf die Ostsee wagen, danach vielleicht die deutsche Nordseeküste unsicher machen. Sollten wir das alles heil überstehen, werden wir die öden, dunklen Winterabende wieder mit einem Kurs und seinen Prüfungsvorbereitungen füllen.

Denn – es hat uns Spaß gemacht!

Eine Seefahrt die ist lustig …

Michael Green
Ruder hart links!
Eine heitere Segelanweisung

Von bizarren Skippern und magischen Kräften: Britischer Bordhumor vom Feinsten.

172 Seiten, 16 Illustrationen,
Format 12 x 18 cm, geb.
ISBN 3-7688-1531-5

Michael Green
Ruder hart rechts!
Kluge Ratschläge für Fahrtensegler

Augenzwinkernde Ratschläge des beliebten Briten: Wie man die Klippen eines Seglerlebens umschiffen kann.

170 Seiten, 15 Illustrationen,
Format 12 x 18, geb.
ISBN 3-7688-1641-9

DELIUS KLASING

Fritz Gschnait
Ich glaub', mein Kielschwein pfeift
Heitere Tipps für den Segeltörn

24 Szenen aus dem Charteralltag!

120 Seiten, 6 Illustrationen,
Format 12 x 18 cm, geb.
ISBN 3-7688-1590-0

Mark Enders
Wer hat Angst vorm Hurrikan?
Eine ungewöhnliche Atlantiküberquerung

Die Irrungen und Wirrungen eines Atlantiktörns haarscharf beobachtet.

200 Seiten, 10 Illustrationen,
Format 12 x 18 cm, geb.
ISBN 3-7688-1577-3

Seglerbeichten
Yachties erleichtern ihr Gewissen

Beichten über seglerische Missgeschicke aus über 20 Jahren *Yachting Monthly*.

144 Seiten, 45 Illustrationen von Mike Peyton,
Format 12 x 18 cm, geb.
ISBN 3-7688-1458-0

Erhältlich im Buch- und Fachhandel
oder unter www.delius-klasing.de/shop

DELIUS KLASING